智能工厂

规划布局 · 系统架构 · 关键技术 · 实施路径

翁微妮　赵国利　杨爱喜　/ 著

化学工业出版社
·北京·

内 容 简 介

本书立足于我国制造强国建设与实践，针对我国当前制造业的发展现状与趋势，全面阐述智能制造的概念内涵、关键技术与实践对策，深度剖析智能工厂建设的顶层设计与规划布局，详细梳理ERP系统、MES、PLM系统、WMS等智能工厂核心系统的关键技术与应用实践，重点介绍数字化车间规划与建设的方法及要点，细致分析智能工厂物流的建设步骤、关键装备与技术，并进一步探讨工业互联网、数字孪生在智能工厂领域的应用场景与落地路径。

本书可供生产制造企业数字化转型实施人员，从事智能制造、智慧城市、自动化、人工智能领域的工程技术人员，以及对数字孪生、工业物联网、工业4.0、智能制造、数字化工厂等感兴趣的各界人士阅读参考，也可以作为智能制造、人工智能等相关专业的本科生和研究生的学习参考资料。

图书在版编目（CIP）数据

智能工厂：规划布局·系统架构·关键技术·实施路径 / 翁微妮，赵国利，杨爱喜著．—北京：化学工业出版社，2024.5（2025.7重印）

ISBN 978-7-122-45246-7

Ⅰ．①智…　Ⅱ．①翁…②赵…③杨…　Ⅲ．①智能制造系统－制造工业　Ⅳ．① F407.4-64

中国国家版本馆 CIP 数据核字（2024）第 056774 号

责任编辑：夏明慧　　　　装帧设计：卓义云天

责任校对：李露洁

出版发行：化学工业出版社（北京市东城区青年湖南街 13 号　邮政编码 100011）

印　　装：北京盛通数码印刷有限公司

710mm × 1000mm　1/16　印张 14　字数 240 千字　2025 年 7 月北京第 1 版第 2 次印刷

购书咨询：010-64518888　　　　售后服务：010-64518899

网　　址：http://www.cip.com.cn

凡购买本书，如有缺损质量问题，本社销售中心负责调换。

定　　价：79.00 元

前　言

作为新一轮科技革命和产业变革的重要驱动力量，人工智能的地位不容小觑。近几年，我国人工智能领域的创新成果不断涌现、企业数量逐步增长、核心产业规模日益扩张，人工智能的整体发展呈现出技术创新快、应用范围广等明显特点。与此同时，作为能够体现国家生产力水平的重要行业，我国制造业正处于高质量发展的阶段。其中，高技术制造业的发展更是令人瞩目。根据工业和信息化部的数据，2023 年前三季度，我国高技术制造业投资同比增长 11.3%，已经连续 36 个月保持两位数增长的趋势。

人工智能技术不断发展，与制造业融合的进程也逐步加快。人工智能的相关技术与制造业全流程的深度融合，有助于提升制造业全流程的智能化程度、转变制造业的生产模式，并通过对制造业发展的赋能带动实体经济的数字化、智能化升级。在制造业数字化、智能化转型的进程中，智能工厂作为具有代表性的产物，体现出显著的提质增效效果。截至 2023 年，我国建设的智能工厂和数字化车间已经接近万家。

智能工厂的起源，实际上可以追溯至 20 世纪 10 年代。1913 年，世界著名的汽车品牌福特（Ford）开始使用全厂输送系统。按照旧的生产方式，福特工厂生产一台车的时间为 12 小时 30 分钟；在运用新的生产方式后，生产一台车的时间可以缩短至 5 小时 50 分钟。随着全厂输送系统大规模投入生产、流水线的配套设施不断完善，福特工厂的工效纪录也在逐步刷新。福特汽车全厂输送系统的启用，实际上正标志着一个新的工业时代——大规模自动化生产时代的来临。而一百多年后的今天，我们正逐步从自动化时代迈入智能化时代，智能工厂将蓬勃兴起，并带动智能化生产成为主流的生产趋势。

诸如福特汽车的全厂自动化输送系统，虽然表面上看能够实现自动化生产，但在生产的过程中仍然需要工人的全程监督和工程师的实时协助。相比而言，智能工厂可以根据生产的需求智能化调整电力、原材料及工人等要素资源，这不仅可以让工作模式更加绿色化、数字化，而且可以及时预警和纠错，大大降低生产事故的发生率。在智能工厂中，物联网等技术的应用使得工厂中的设备、人员和系统能够无缝连接、实时交互，从而构建出一个运转高效、环境舒适而又节能环保的工厂。

在国务院印发的部署全面推进实施制造强国的战略文件中曾明确提出："在重点领域试点建设智能工厂/数字化车间，加快人机智能交互、工业机器人、智能物流管理、增材制造等技术和装备在生产过程中的应用，促进制造工艺的仿真优化、数字化控制、状态信息实时监测和自适应控制。"相关文件和政策的陆续出台，加速了智能工厂在制造业等行业和领域的应用。

作为现代工厂信息发展的新阶段，智能工厂的应用和推广有助于提高生产质量、降低企业成本、改进制造工艺、增强生产的安全性和可持续性等。比如，阿里巴巴旗下的菜鸟成功研发了柔性自动化仓储系统，通过机器人的协同作业及人工智能相关技术的应用，构建了一套高效、易部署和扩展的全链路仓储自动化解决方案。但与此同时，智能工厂的建设和推进也可能面临诸多问题。比如，痛点之一为技术性问题，由于传统制造企业目前的数字化进程仍然比较缓慢，无法将大量相关的数据资源上传到控制系统中，以实现整个生产流程的自动化控制；痛点之二为结构性问题，虽然在智能制造趋势的推动下，新兴的互联网企业和传统的工业企业均力图加快工业互联网平台、数字孪生智能工厂等的发展进程，但互联网企业不了解工业生产流程，传统工业企业又存在技术短板，二者在智能工厂的建设方面各有利弊。

本书立足于我国制造强国建设与实践，针对我国当前制造业的发展现状与趋势，全面阐述智能制造的概念内涵、关键技术与实践对策，深度剖析智能工厂建设的顶层设计与规划布局，详细梳理ERP（Enterprise Resource Planning，企业资源计划）系统、MES（Manufacturing Execution System，制造执行系统）、PLM（Product Lifecycle Management，产品生命周期管理）系统、WMS（Warehouse Management System，仓库管理系统）等智能工厂核心系统的关键技术与应用实践，重点介绍数字化车间规划与建设的方法及要点，细致地分析智能工厂物流的建设步骤、关键装备与技术，并进一步探讨工业互联网、数字孪生在智能工厂领域的应用场景与落地路径。全书分别从智能制造的战略路径、智能工厂规划布局、信息化系统架构、数字化车间建设实践、智能工厂物流规划、工业互联网平台应用、数字孪生智能工厂等维度深度剖析新一代智能制造技术在智能工厂领域的创新应用，力图为传统制造业企业的数字化转型升级提供有益的借鉴与参考。

随着生产设备逐渐增多、生产过程日益复杂、人力成本快速上升及系统管理的要求越来越高，通过智能化手段进行设备的控制管理成为数字化工厂发展的主要趋势，而智能工厂则是制造领域企业进行智能化转型的最优路径。在智能工厂已然成为现代工业、制造业创新的大势所趋的背景下，了解其规划布局、系统架构、关键技术、实施路径等便至关重要。

本书可供生产制造企业数字化转型实施人员，从事智能制造、智慧城市、自动化、人工智能领域的工程技术人员，以及对数字孪生、工业物联网、工业4.0、智能制造、数字化工厂等感兴趣的各界人士阅读参考，也可以作为智能制造、人工智能等相关专业的本科生和研究生的学习参考资料。

著　者

目 录

第1章 智能制造的战略路径

第2章 智能工厂规划布局

第3章 信息化系统架构

第4章 数字化车间建设实践

第5章 智能工厂物流规划

第6章 工业互联网平台应用

第7章

数字孪生智能工厂

01

第 1 章
智能制造的战略路径

1.1 制造强国：新一轮工业革命的来临

1.1.1 新一轮工业革命的来临

进入工业文明时代以来，制造业逐渐成为国民经济的支柱产业。现如今，新一轮科技革命与产业革命正在与我国经济发展方式的转变交汇，原有的国际产业分工格局已被打破，新的产业分工格局正在形成，因此我国制造业必须紧抓这一历史机遇，增强自身的竞争力，提升我国的综合国力。

（1）工业发展历程

迄今为止，全球工业发展的历程大致可以梳理为以下四个阶段，如图 1-1 所示。

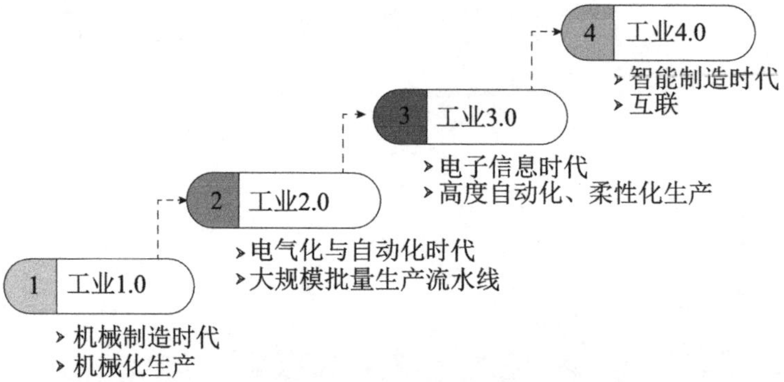

图 1-1 工业发展历程

- 第一阶段是机械制造时代，即工业 1.0 时代，机械化生产是其主要特征；
- 第二阶段是电气化与自动化时代，即工业 2.0 时代，大规模批量生产流水线是其主要特征；

- 第三阶段是电子信息时代，即工业 3.0 时代，高度自动化、柔性化生产是其主要特征；
- 第四阶段是智能制造时代，即工业 4.0 时代，互联是其核心特征。

新一代信息技术的发展，催生出大量新型的商业模式，代表智能生产的工业 4.0 正是实现新的商业模式的关键。新一代信息技术能够从生产方式、发展模式等方面给制造业带来革命性的影响，使制造业成为全球经济竞争的焦点。

（2）生产方式的变革

智能制造是未来制造业变革的主要方向，这一点早在美国“先进制造伙伴（AMP）”计划、德国“工业 4.0”、法国“再工业化”战略等发达国家的制造业发展战略中得到体现。具体来看，智能制造涵盖的内容非常丰富，包含了智能化产品、生产、装备、管理、服务等多项内容，其中智能工厂与智能车间是主要载体。

对于智能制造来说，CPS（Cyber Physical System，信息物理系统）是最主要的实现手段。该系统将计算、通信、控制融为一体，让大型物流系统与信息交互系统的实时感知与动态控制成为现实，能够实现人、机、物的相互交融。借助这一系统，我们可以有效地实现传统制造业无法实现的目标，尤其是批量定制化生产。通过在每个制造环节融入多个生产模块，实现数字化管理与生产模块的无缝切换，每个生产流程都可根据生产要求进行运作，从而实现批量化定制生产。

在流水线批量生产模式下，大众汽车集团生产的汽车车型和颜色都比较单一。2012 年，大众集团在德国沃尔夫斯堡发布了全新研发的横置发动机模块化平台（Modular Querbaukasten，简称 MQB），可以衍生出多达 60 款不同的新车，满足消费者多样化的需求。

（3）发展模式的转变

从发展模式方面来看，未来制造业将朝着绿色发展以及生产性服务业方向转变。

其中，绿色发展主要体现在两个方面：一方面，随着太阳能光伏、页岩气等新能源技术不断出现，清洁能源的应用正逐步成熟，制造业也会向低能耗、低污染的方向发展；另一方面，随着绿色供应链、低碳革命、零排放等产品设计、生产理念不断涌现，节能环保产业、再制造产业链将不断完善，增材制造技术会不断普及，制造业绿色发展方式及内涵都将更为丰富。

增材制造指的就是3D（3 Dimensions，三维）打印技术，该技术以数字模型为基础，逐层堆积材料从而制造出实体物品。最初，制造领域采用的是“等材制造”，比如铸造青铜器等，制造工序比较简单；之后，随着电的出现及应用，制造领域开始采用“去除—切削”技术开展“减材制造”；如今，“增材制造”就是从“减材制造”发展而来，只不过将原来的“减法”变成了“加法”，所用材料全都是耐高温、高强度的材料，能够有效地节约资源，并提升制造效率。

随着行业竞争越来越激烈，几乎所有的企业都达成了一个共识，那就是“卖产品不如卖服务”。因此，制造领域的企业也开始从以产品制造为核心向打造内涵丰富的产品与服务转变。比如，IBM（全称为International Business Machines Corporation，国际商业机器公司）从单纯的硬件制造商转型成全球最大的硬件、网络、软件服务整体解决方案供应商；在GE（General Electric Company，通用电气公司）的总产值中，“技术+管理+服务”创造的产值超过了2/3。

此外，创新是我国经济发展需要遵循的重要理念。现如今，制造业随着信息技术的进步，在跨领域、网络化、协同化的创新平台的支持下，正在组建新的创新体系。以往，企业要推出新产品、开发新技术，必须有效开展技术研发等活动。但随着产业分工逐渐细化、产品日益复杂化，单个企业越来越难以承担创新的技术要求以及研发成本，必须与不同的创新主体合作，对创新资源进行优化配置。伴随物联网、大数据、人工智能等信息技术的发展，工业制造领域的企业只有继续坚持创新，才能够把握新一轮工业革命带来的发展机遇。

1.1.2　制造强国建设的战略意义

制造业是国民经济的主体产业，是“立国之本、兴国之器、强国之基”。经过三十多年的迅猛发展和积累沉淀，我国已成为世界制造大国，“中国制造”遍及全球。但从制造业整体竞争力以及在全球制造产业价值链中的位置来看，我国尚未真正成为制造强国，制造业整体有待向“大而强”的方向发展。

加快建设制造强国的战略部署，是我国政府在经济新常态下对制造业发展的重新认识和定位，体现了我国重视实体经济、转变经济增长模式、打造发展新引擎的战略眼光，对增强综合国力、提升我国制造业的整体竞争力、实现民族复兴的中国梦具有重要意义。当前，随着互联网信息化技术与工业制造业的深度融合，新一轮产业革命已然拉开序幕，新的生产方式、产业形态、商业模式和经济增长点等正加快形成。

面对技术革命与产业革命的浪潮，发达国家纷纷通过“再工业化”战略将目光重新聚焦到以制造业为代表的实体经济上，试图通过工业制造业的升级走出经济低迷状态，继续保持并增强在国际市场中的竞争优势。一些发展中国家也积极利用自身的后发优势，不断布局先进制造业，参与全球产业分工，希望在新一轮的国际竞争中占据有利位置。因此，在全球产业竞争格局和市场秩序调整重塑的关键时期，我国也必须具有前瞻性的战略眼光，主动应对、提早布局，加快建设制造强国，以便在未来的全球产业格局中拥有更大的话语权和竞争优势。

当前，我国要实现经济发展的提质增效、推进整体经济结构的转型升级、构建更加良性可持续的发展模式，重点、难点和出路都在制造业，制造业的供给侧结构性改革和转型升级对整个国民经济的动力转换和新发展模式的构建有至关重要的影响。

我国制造业始终保持着强劲的发展态势，综合实力和国际竞争力也在不断提升，已成为世界第一制造大国。不过，制造业长期发展中积累的诸多问题也逐渐暴露出来，如自主创新能力较弱、产业结构不合理、信息化水平较低、增长的主要驱动力仍是规模化的资源投入、资源能源利用率不高、制造业企业缺乏全球化经营能力等，这些都导致我国制造业处于全球产业价值链的相对底端、呈现“大而不强”的局面，与发达国家有着较大差距。

因此，我国必须坚持建设制造强国的战略方向，加快调结构、转方式、促创新，大力培育发展先进制造业，积极利用数字化技术改造升级传统制造业，提升制造业的信息化、现代化水平，进而通过制造业的转型升级带动整体经济发展的提质增效，增强国家竞争力。

制造业是推动经济发展、提高民众生活水平、保障国防安全、增强国际竞争力的基础支撑，不论是全球各国的发展兴衰史还是中华民族的奋斗史，都充分表明强大的制造业是成为经济大国和世界强国、实现民族振兴和国家富强的重要保障。

1.1.3 我国制造强国的建设路径

加快建设制造强国，必须坚持创新发展的原则，将创新放在国家发展的核心位置，构建创新驱动的发展模式，通过创新大力提高经济发展的质量和效益。对此，国内制造业需要转变以往过于追求速度和数量、依赖资源投入的增长模式，而以创新为基点，深度融合先进的信息技术，不断培育新产业、新业态和新动力，构建发展新优势和产业新体系，鼓励扶持创新驱动、具有先发优势的先进制造业的发展。

具体来看，我国制造强国的建设路径如图 1-2 所示。

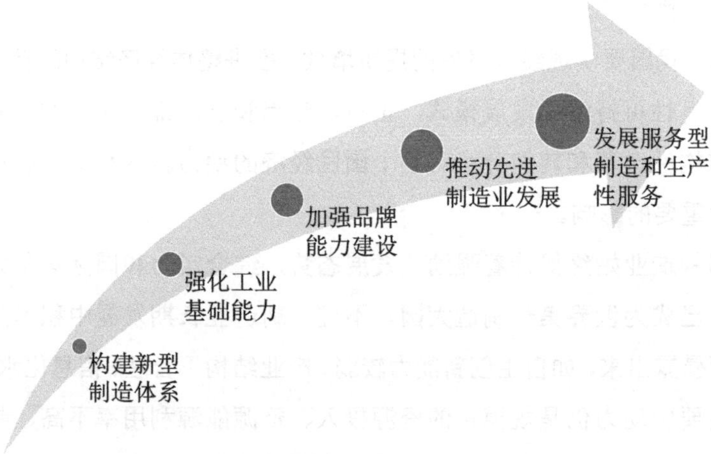

图 1-2　我国制造强国的建设路径

（1）构建新型制造体系

面对新一轮技术革命和产业革命的发展机遇和挑战，我国要加快推进信息化与工业化的深度融合（即“两化融合”），将大数据、云计算、物联网等先进的信息化技术渗透到设计、生产、运输、市场等产业价值链的所有环节，推动传统制造业的互联网化转型升级，实现生产方式的柔性化、精细化、智能化，构建智能制造的新型制造体系。

打造以智能制造为核心的新型制造体系，要以推广普及智能工厂为切入点，大力发展智能装备和智能产品，不断提高重大产品和成套装备的智能化水平；要加快布局完善工业互联网基础设施，着力发展基于工业互联网的众包设计、云制造等创新制造模式，实现生产制造过程的数字化、智能化。

（2）强化工业基础能力

工业基础包括核心零部件（元器件）、基础材料、基础工艺和基础技术，这四个方面的能力水平直接影响着产品的性能、质量和可靠性。而我国工业制造业“大而不强”的关键原因，也主要在于工业基础能力薄弱、核心零部件及关键技术受制于人。

工业基础能力建设，要把握“应用牵引、平台支撑、重点突破”的方针，集中力量发展一批先进基础工艺和基础技术，首先解决产业发展的“卡脖子”问题；加快建立企业协同创新机制，提高核心零部件的产品性能和关键基础材料的制备水平，增强重点行业产品的性能稳定性、质量可靠性和环境适应性，构建整机牵引和基础支撑协调发展的产业格局。

（3）加强品牌能力建设

要想提升“中国制造”在国际市场中的地位，必须加强制造业质量品牌能力建设，并将其作为制造业创新发展的主要目标和构建制造业竞争新优势的重点内容。对此，我国工业制造业要积极开展品牌质量提升行动，加大重点行业的技术改造力度，以国际同行业先进企业为标杆，不断提升产品技术、工艺装备和能效环保水平，并集中力量攻克一批长期阻碍产品质量提升的关键共性技术。

要加快引入推广先进质量管理技术和方法，提高质量控制技术、优化质量管理机制、改善质量发展环境，为制造业质量提升打好基础；要鼓励企业树立“匠心”精神、追求卓越品质，积极打造具有自主知识产权的高质品牌，不断提升中国品牌在国际市场中的信誉度和影响力，让“中国制造”变为“中国质量”。

（4）推动先进制造业发展

发展先进制造业是推动传统制造业创新发展和转型升级，培育新产业、新业态、新动力的重要举措。

要引导聚合各种社会资源投入共性关键技术和工程化、产业化瓶颈的研发突破工作，打造先进制造业应用试点和示范工程，培育扶持战略性新兴制造产业的成长发展；要在未来5～10年的时间里着力提升工业制造业的自主设计水平、系统集成能力和基础配套能力，实现重点产业领域的自主研制和应用、重要领域装备水平的大幅提升；要加快布局和完善工业互联网，利用互联网先发优势大力推动先进制造业的快速发展。

（5）发展服务型制造和生产性服务

服务型制造和生产性服务是工业制造业实现创新发展的重要内容，也是推动传统制造业转型升级的必然路径。

要进一步加强制造业与服务业的协同发展，加快发展服务型制造，鼓励有条件的制造业企业参与布局服务环节，提供个性化定制服务、全生命周期管理等支持性服务；引导有实力的制造企业在产业链的各个环节进行布局整合，从产品、设备制造商转变为系统集成服务和一体化解决方案提供商。

要大力发展生产性服务业，完善工业互联网基础设施，为制造业转型升级提供信息技术服务支持；鼓励互联网企业向生产制造领域拓展布局，不断探索移动电子商务、线上线下有机融合的创新模式；大力发展研发设计、科技咨询、专业物流等第三方服务，为传统制造业的数字化、智能化、服务化转型升级提供有力支撑。

1.1.4 建设制造强国的关键

要破解我国工业制造业的发展难题、增强发展优势、实现从“制造大国”向“制造强国”的蜕变，必须统筹国内和国际两个大局，走创新发展、协调发展、绿色发展、开放发展和共享发展的可持续发展道路。同时，我国需要全面深化体制机制改革，充分发挥制度优势，完善相关法规政策，为工业制造业更好更快发展营造良好环境。

国务院曾在印发的战略文件中提出，要坚持市场主导、政府引导，立足当前、着眼长远，整体推进、重点突破，自主发展、开放合作的制造强国建设基本原则，同时这也是我国进行制造强国建设的关键，如图 1-3 所示。

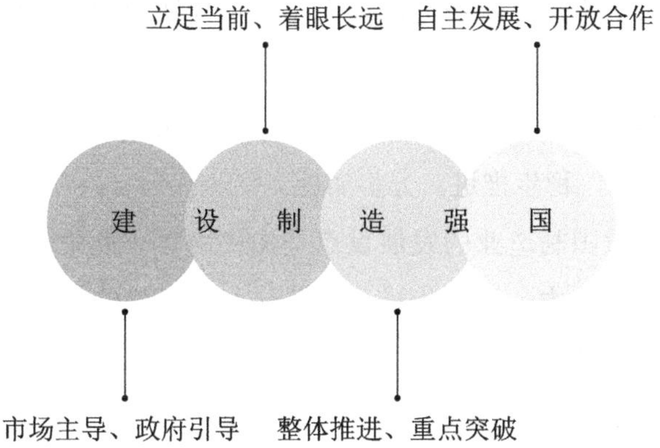

图 1-3　建设制造强国的基本原则与关键

（1）坚持“市场主导、政府引导”

作为一项国家发展战略，建设制造强国需要从政府和社会两方面协同发力：一方面要充分发挥市场在资源合理配置和高效利用方面的重要作用，明确并强化企业的市场主体地位，深度激活企业特别是众多中小型生产制造企业的活力和创造力；另一方面也要深化行业与市场管理模式的创新变革，加快转变政府职能，探索更合理有效的财税、金融政策体系，为制造业发展营造良好的体制机制与政策环境。

具体来看，可从以下几个维度发力：

①不断创新优化宏观调控手段，有效抑制股市、房地产等领域的泡沫化发展，鼓励和引导更多社会资源和资本流向工业制造业，积极探索制造业的创新发展路径，更加重视发展的“质”。

②推动倾斜型产业政策向功能型的转变，加快建立公平竞争的市场环境，推进“双创”战略在工业制造领域的有效落地，不断提升公共服务的能力和水平。

③不断探索和发展产业投资基金等创新性的政策支持模式，通过股权投资等方式为重点产业、中小企业的创新发展和技术升级提供有力保障，深度发挥国家财政资金在引导和撬动社会资本方面的巨大作用。

④积极利用市场机制和经济手段破解产能过剩难题，构建淘汰落后产能的长效化、常态化和法治化机制。

（2）坚持“立足当前、着眼长远”

建设制造强国不是一蹴而就的，而是一项长期的战略发展任务，因此既需要在短期内集中力量解决阻碍发展的薄弱环节、瓶颈和关键问题；又要紧紧把握新一轮科技革命与产业革命的发展态势，从全局、长远的角度进行系统谋划和战略布局，稳步推进，分步实施。

当前来看，我国制造业的发展重点是加快培育一批关键核心技术，强化优势领域的整体竞争力，进一步推进工业化与信息化的深度融合，加快传统制造业的数字化、智能化、服务化转型升级。长远来看，我国要紧密联系未来10年乃至30年整体经济的发展目标，调结构、转方式、促创新，大力发展先进制造业，抢占未来产业制高点，在全球制造产业格局调整中占据有利地位，力争到中华人民共和国成立一百年时，迈入世界制造强国之列，在技术体系和产业体系方面达到世界领先水平。

（3）坚持“整体推进、重点突破”

建设制造强国是一项涉及众多方面的系统性工程，既要统筹全局，实现全国“一盘棋”，稳步提高制造业整体水平；也应有所侧重，集中力量首先发展关键共性领域和重点行业，进行“重点突破”。

①要明确创新发展的方向及发展的重点与难点，加强战略规划、政策标准等的引导作用，从全局的角度对工业制造业发展进行统筹规划与布局，实现差异化、梯次化发展。

②要从经济社会发展和国家安全需要出发，加快实施制造业创新中心建设、智能制造、工业强基、绿色制造、高端装备创新五大工程。

③在新一代互联网信息技术、新材料、生物医药工业等战略性先进制造领域及制造业产品提质、人才发展、服务型转向等方面，应尽快制订专项发展规划和年度计划，实施重点突破，并借此带动制造业整体竞争力的提升。

（4）坚持“自主发展、开放合作”

制造业发展直接决定着一国的整体经济实力和竞争力，是国际经济竞争与合作的主要内容。我国建设制造强国，既要坚持自主发展，加快改变关键核心技术受制于人的局面，实现自力更生，从而在国际产业市场竞争中获得更大的话语权；同时也不能故步自封，要以更加开放合作的态度主动学习引进国际先进的技术、经验、模式与方法，推动国内制造企业的创新变革。

在关系国计民生和产业安全的基础性、战略性、支撑性领域，我们要坚持自主发展，大力培育发展关键核心技术，优化完善整体产业链，不断增强自力更生能力。同时，我们也要不断提高对外开放水平，有机结合“引进来”与“走出去”战略，增强工业制造业利用外资和跨国合作发展的能力，鼓励更多国内企业“走出去”参与国际产业合作，提升我国企业的全球化经营水平和国际竞争力。

1.2 智能制造：驱动中国经济转型升级

1.2.1 国内外制造业的发展现状

受全球经济发展格局的影响，世界各大经济主体纷纷将目光投向制造业，希望通过制造业的发展带动本国经济振兴，如美国、德国、日本等发达国家纷纷制定“再工业化”战略，以期推动中高端制造业回流，对全球产业布局进行进一步调整，以保持自身在全球制造业领域的领先地位。与此同时，一些新兴工业化国家[1]（Newly Industrialized Country，NIC 或 NICs）则借助自身低成本的竞争优势，聚焦低附加值环节的生产，吸引跨国企业前来投资建厂。

发达国家高端制造业的回流以及新兴经济体对中低端制造业的争夺，从两

[1] 新兴工业化国家：又称“半工业化国家”，是指经济发展程度介于发达国家及发展中国家之间的国家。

个方面限制了我国制造业的发展。由此可见，技术变革、产业变革、全球制造业竞争格局的重构不仅给我国制造业的发展带来了机遇，也带来了重大挑战。

（1）全球制造业发展格局

现如今，全球制造业四级梯队的发展格局已基本形成，其中第一梯队是美国主导的全球科技创新中心；第二梯队是日本、欧盟引领的聚焦高端制造领域的国家和地区；第三梯队是以新兴国家为主力的聚焦中低端制造领域的国家和地区；第四梯队主要是以资源输出为主的国家，包括 OPEC[1] 等组织中的国家。

在新一轮国际分工争夺战中，各国都表现得异常踊跃。随着各国比较优势的转变，全球制造业格局将进一步重构。在第一梯队中，美国是全球科技创新中心，在制造业基础及前沿技术创新方面的成就一直名列前茅；在第二梯队中，德国、日本等国家在全球制造业中的地位将得以进一步巩固，其他国家通过技术创新、人才及资本积累、产业升级有望进入这一梯队；在第三梯队中，借助成本优势，通过积极参与国际分工，新兴经济体将逐渐进入全球制造业体系。目前，我国正处于第三梯队，且这种局面将保持一段时间。不过，随着对新兴技术的研发以及与制造领域融合的加深，我国有望成为制造强国，引领世界制造业发展。

（2）我国制造业发展面临的挑战

现如今，我国虽是制造业大国，但还不是制造业强国，相较于发达国家仍有较大的提升空间。以装备制造业为例，面临的挑战主要如图 1-4 所示。

①创新能力不足。我国整体装备研发设计水平较低，试验检测手段及关键共性技术缺失，企业技术难以实现自主创新，仍需跟随模仿，底层关键技术尚未取得突破，一些关键产品很难实现自主设计、研发和创新。

②基础配套能力不足。装备制造业的关键材料、核心零部件不能实现自给自足，严重依赖进口，先进工艺、产业技术的基础能力比较薄弱，使整机及系统的集成能力发展受限。比如“华龙一号”核电机组虽然由我国自主研发，

---

❶ OPEC：全称为 Organization of the Petroleum Exporting Countries，是亚、非、拉石油生产国为协调成员国石油政策、反对西方石油垄断资本的剥削和控制而建立的国际组织。

其中大部分设备都实现了国产化，但关键零部件仍需进口。

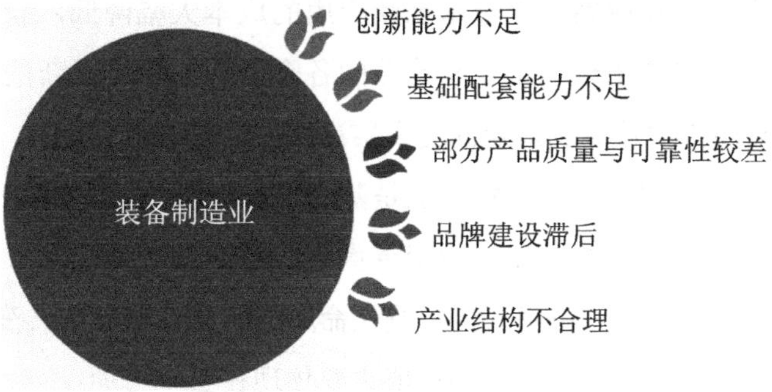

图 1-4　装备制造业发展面临的挑战

③部分产品质量与可靠性较差。由于基础能力不足，部分产品的质量与可靠性较差，产品与技术没有完善的标准，实用性较差，相较于新产品的研发速度来说比较落后。

④品牌建设滞后。与发达国家相比，我国装备制造领域缺乏拥有国际竞争力与影响力的自主品牌，绝大多数的知名商标所有权均集中在发达国家手中。

⑤产业结构不合理。我国装备制造业低端产能过剩、高端产能不足，出现了严重的同质化现象。另外，高精尖产品及重大技术装备产量不足，无法有效地支持国民经济的发展。

1.2.2　智能制造引领新经济发展

随着全球迎来新一轮的互联网信息技术革命，各种创新性乃至颠覆性的技术不断涌现。这些新型信息化技术在各个产业领域的不断渗透应用，催生了大量新的生产方式、组织形态和商业模式，从而为经济发展注入了新要素、新动力、新模式。由此，“新经济”走入人们的视野。

“新经济”一词并非刚刚出现。20 世纪 90 年代末到本世纪初，借助信息技术红利和全球化驱动，美国经济进入高增长、低通胀、低失业率、低财政赤字的黄金发展时期，被人们称为“新经济”。2000 年下半年以后，这种基于互联网技术和金融产业的“新经济”逐渐衰亡。究其原因，主要是互联网技术并没有广泛渗透和应用到工业制造业等实体经济中，科技创新和金融资本助推下形成的“新经济”成为缺乏坚实基础的泡沫。与此不同，当前信息技术的进一步发展和成熟导致技术创新应用的成本大幅降低，新型互联网信息化技术正广泛渗透融合到工业制造业的各个方面，带来了新的生产方式和商业模式，从而推动传统制造业向更高层次的智能制造转型。

因此，现在提到的新经济实质上是基于新一轮技术与产业革命对生产、交换、消费、分配等产业全流程的变革重塑，是深层次的生产方式和经济结构的优化升级，是原有经济模式向更具生命力的新经济模式的转变。

新经济对总体经济的发展带动价值主要体现在三个方面：

- 随着 DT（Data Technology，数据处理技术）时代的到来，数据信息已成为社会生产活动的核心投入要素，信息边际效率不断提升；
- 各方在“云、网、端”等互联网信息基础设施方面的不断投资布局，对总体经济发展形成了巨大的带动作用；
- 个性化需求的不断增多，促使生产组织和社会分工方式转向扁平化、网络化、平台化、小微化，从而大幅提高了范围经济的作用。

对我国来说，在经济下行压力持续增加、亟须产业结构调整优化和增长动能转换的背景下，发展以智能制造为核心的新经济，既是加快供给侧结构性改革、建设制造强国、实现总体经济转型升级的必然要求，也是抓住新一轮技术与产业革命机遇、改变制造业在全球产业价值链中的弱势地位、实现经济“弯道超车”的战略选择。

智能制造是新经济发展的主攻方向，因为基于互联网信息化技术与工业制造业深度融合形成的智能产品、智能工厂、智能制造企业、智能制造生态系统等，是新一轮技术与产业革命的重要体现和新经济的重要内容，具有巨大的发展潜力。同时，新经济中不论是数据要素的投入，还是互联网信息化基础设施方面的投资布局，或者是新组织形式、生产方式、分工模式等的发展创新，都离不开智能制造提供的技术与装备方面的有力支撑。

总体来看，智能制造的发展，一方面有利于推动新材料、信息通信等诸多领域的技术创新和产业发展；另一方面也有助于促进传统产业的变革升级和新兴产业的培育成长，从而更好地满足社会生产生活的智能化、个性化需求，实现智慧农业、智慧城市、智能交通、智能物流、智能家居等社会各方面的智能化发展。同时，新经济的不断发展又会反过来拓展智能制造的需求空间和应用前景。

1.2.3　我国智能制造转型的关键

互联网的发展大致经历了信息门户网站主导、电子商务主导、工业互联网主导三大阶段。当前，我国的互联网发展正处于电子商务主导阶段，零售服务等消费领域与互联网不断深度融合，消费互联网日益成熟。然而，发展新经济不能只停留在消费互联网领域，还要深入到工业互联网，推进信息化技术与工业制造业的深度融合，发展智能制造，实现生产方式、组织形式、商业模式等的优化创新，从而更好地引领新经济发展。

总体来看，我国智能制造转型的关键包括以下三点，如图 1-5 所示。

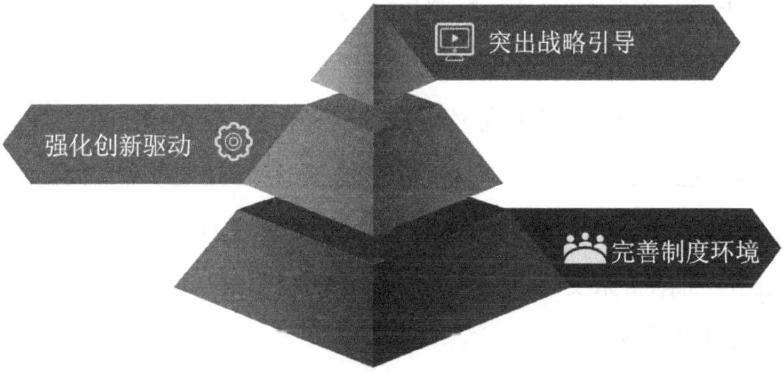

图 1-5　我国智能制造转型的关键

（1）突出战略引导

面对新一轮科技和产业革命浪潮，2015 年我国政府发布了《中国制造 2025》和《关于积极推进“互联网 +”行动的指导意见》。前者主要是加快推进新一代互联网信息技术与传统工业制造业的深度融合，通过智能制造转型实现我国制造业从大到强的跨越；后者侧重于推动互联网向更多社会生产生活领域的渗透融合，形成以互联网为基础设施和创新要素的新生产方式、组织形式和商业模式，构建经济社会发展新形态。

两大发展战略侧重的都是加快互联网与传统制造业的深度融合，通过智能制造转型充分发挥出互联网信息化技术对工业制造业等实体经济的巨大推动作用。因此，以智能制造引领新经济发展的一大关键，是坚持两大战略的方向引导，将新一代互联网信息技术广泛应用到制造产业生态系统的各个方面，实现传统制造业的结构调整、产业升级、动能转换。

（2）强化创新驱动

在新一轮技术与产业革命助推下，智能制造已成为决定一国制造能力的核心要素，也是建设制造强国的重要方向和指标。智能制造水平的高低主要取决于工业制造产业和相关企业的创新能力。

在这方面，我国与美国、德国等工业强国还存在较大差距。如我国在工业无线技术、标准和产业化发展以及关键数据技术、信息安全技术等工业互联网核心技术领域的自主创新能力较弱，工业互联网核心软硬件的支持能力尚无法完全满足智能制造的发展需要。

当前，我国制造业总体上正从电气化迈向数字化，而基于智能制造的工业制造业新形态、新模式则是从数字化转向智能化。根据德国工业 4.0 的划分，发达国家布局智能制造主要是从工业 3.0 升级到工业 4.0；而我国的智能制造转型则需要同步推进工业 2.0 普及、3.0 补课和 4.0 赶超。因此，我国一方面要基于国内工业制造业的具体发展现状和需求稳步推进智能制造；另一方面要高度重视自主创新，强化创新驱动，提升创新能力和水平，从而借助先进技术领域的不断创新来实现工业制造业的跨越式发展。

（3）完善制度环境

以智能制造引领新经济的发展，要不断推进与深化“虚实结合”：一方面大力发展“互联网 +”，加快互联网企业对工业制造业的渗透、融合与再造；另一方面要积极推进“+ 互联网”，鼓励、支持更多的传统制造企业进行互联网化转型升级。

从制度环境的角度来看，我国尚未建立起能有效吸引人才、资金等要素进入工业制造业的激励机制，传统制造业的智能化转型缺乏有力的制度支撑，从而导致各种资源要素流向互联网、金融等领域，经济发展存在“脱实就虚”问题。因此，我国必须加快推进供给侧结构性改革，建立鼓励工业制造业创新的体制机制、完善智能制造发展的制度环境，解决经济发展中的“脱实就虚”等问题，如此才可能吸引更多企业和人才、资源、资金等要素参与到智能制造的发展之中，引领新经济快速发展。

1.2.4　数实融合背景下的制造业转型

近几年，各国政府不断出台多种扶持政策来推动数字经济的发展。我国政府对数字经济同样给予了高度的重视。本质上，数字经济可以被视作将新一代信息技术与经济活动深入融合的全新经济形态。在世界经济长期低迷、我国经济也面临较大下行压力的背景下，数字经济将成为推动我国经济发展的新引擎，为国内企业在世界舞台上与国际巨头同台竞技提供强有力的支撑。

创新是数字经济永恒的主题，无论是支撑数字经济的技术还是模式，都是从业者不断创新的结果。围绕数字经济开展创新，将有望解决诸多传统行业的痛点，掀起一场场前所未有的巨大产业革命。

（1）数智技术赋能制造业转型升级

以大数据、云计算、人工智能、3D 打印为代表的科技革命，为数字经济的发展提供了强有力的支撑。这些颠覆性的技术应用到工业领域后，将为工业发展注入源源不断的活力与动力。在世界各国掀起的新一轮工业革命中，数字经济扮演着十分关键的角色，以微软、谷歌为代表的科技巨头在探索数字经济方面投入了大量的资源与精力。

工业是推动我国经济发展的重要驱动力，而制造业则是衡量工业发展水平的关键指标。经过多年的积累与沉淀，我国已经成长为世界第一制造大国，在体量与规模方面虽然我国要领先于德国、日本，但我国并非制造强国，我国制造业对劳动力资源较为依赖，在产业价值链中处于附加值较低的加工、装配环节。而且，在人口红利日渐消失、全球经济持续低迷的背景下，产能过剩、企业盈利能力低下等方面的问题也日益凸显。

在大数据、云计算等新一代信息技术掀起的全球范围的科技革命浪潮中，制造业发生了颠覆性变革，并引发了新一轮的工业革命。在此轮工业革命中，数字化、网络化、智能化是其主要特征，并推动工业日趋现代化，使数字经济呈现出更多的新形态，引领人类社会进入智能经济时代。

以推动智能制造为切入点，大力发展数字经济，不但能够有效加快工业革命进程，助力我国制造业水平迈上新台阶，提高制造业的价值创造能力，而且有望改变我国制造业在全球价值链中的被动地位，进入具有更高溢价能力的设计研发、标准制定等环节。在发展数字经济的过程中，企业要强化自身的创新能力，培养优秀的创新人才，找到更多的新模式及新路径，与海外制造业巨头进行差异化竞争。

（2）智能制造推动数字经济的发展

智能制造的实现，需要将新一代信息技术与制造业深入融合，通过人工智能、物联网、大数据等技术实现制造业的转型升级。作为现代工业核心驱动力之一的智能制造，将为我国经济的发展提供强大的推动力量，为我国经济持续稳定健康发展保驾护航。

发展智能制造对于深入探索数字经济的巨大潜在价值有着十分积极的影响。具体来看，发展智能制造对探索数字经济的积极影响主要体现在以下几个方面，如图 1-6 所示。

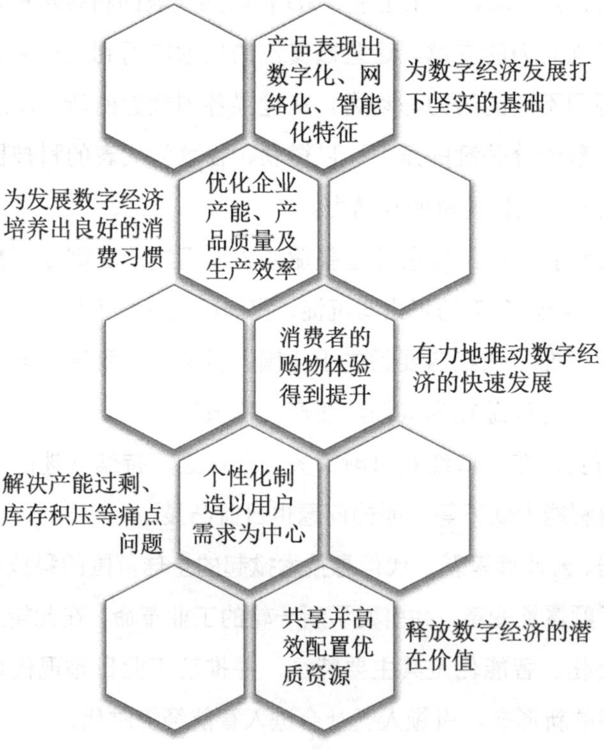

图 1-6　发展智能制造对探索数字经济的积极影响

①制造产品将表现出明显的数字化、网络化及智能化特征，智能装备产品被不断普及，人们的生活及工作将变得更为便利、更为舒适，从而为数字经济发展打下坚实的基础。

②智能制造的实现，将使企业的产能、产品质量及生产效率得到深度优化，企业能够以更低的成本为用户生产满足其需求的产品及服务，为发展数字经济培养出良好的消费习惯。

③在智能制造中，消费者购买产品时获得的将不仅是一个简单的产品，而是享受从产品设计研发到生产加工再到最后送货上门的整体性服务，这将极大地提升消费者的购物体验，能够有力地推动数字经济的快速发展。

④智能制造也意味着个性化制造。个性化制造是以用户需求为中心，根据用户的个性化需求来生产产品、提供服务，从而使企业能够以定制生产、按需生产等方式为目标群体创造价值，在提升用户体验的同时，也能够解决诸多行业普遍存在的产能过剩、库存积压等痛点问题。

⑤制造资源将以数字化的形式存储在公有云中，从而将行业内的各种优质资源进行共享并高效配置，使资源得到充分利用，提升制造企业的价值创造能力，进一步释放数字经济的潜在价值。

毋庸置疑的是，发展智能制造将有助于促进数字经济的持续稳定发展，智能制造所带来的新技术、新设备、新思想将成为数字经济的基础资源。在德国提出“工业 4.0”战略、美国提出“再工业化”战略的背景下，通过大力发展智能制造来引领数字经济，将是我国经济在移动互联网时代实现弯道超车的重要路径。

1.3 技术体系：智能制造关键使能技术»

1.3.1 智能优化算法

智能技术在制造领域的深入应用，能够对制造业自动化、知识化、柔性化发展起到重要的推动作用，使生产企业具备快速响应市场需求的能力。在某些高新技术制造领域，智能制造技术更能够发挥不可替代的作用，甚至可以成为影响企业竞争力的关键因素。以智能技术在优化设计方面的应用为例，通过智能感知与识别技术、智能调节与控制技术、类比推理与智能算法技术等，可以准确识别制造流程中的问题或故障，并生成优化解决方案，为问题处理决策、商业智能决策提供支持。

智能优化算法是智能技术在制造领域应用的典型代表，它在生产运营管理、制造系统规划设计、机械设计、仓储物流配置、系统和设备运维等环节能够发挥重要作用，如图1-7所示。

图1-7　智能优化算法在智能制造领域的切入点

（1）生产运营管理

对车间生产活动进行合理调度是生产运营管理的重要组成部分。传统的人工排产方式通常对管理人员的规划能力有较高要求，排产计划是否合理依赖人工经验，而面对繁多的工序，还容易出现生产效率低下、计划不合理、对临时生产需求响应缓慢等问题。如果引入智能优化算法，则可以对企业资源和流程工序进行充分整合，基于现实生产状态和生产需求灵活调整排产规划，从而提高生产效率和运营管理能力，缩短产品的生产周期，辅助企业优化生产。

从具体实现方法来看，制造企业可以将原有的调度规则嵌入到遗传算法中，基于深度学习模型获得一种新的调度算法，从而提升智能制造系统的车间调度能力。采用智能优化算法的动态智能排产系统能够使计划制订时间大幅缩短，从而实现对订单需求的快速响应。

（2）制造系统规划设计

智能制造系统规划设计及其框架下的系统研究都可以引入智能最优算法。例如，在对智能制造系统的加工性能评估方面，可以通过计算得出较为可靠的评估结果；另外，还可以运用遗传算法求解多刀车削的最佳切削条件等。

（3）机械设计

在机械设计领域，智能优化算法也有着广泛应用。当我们应用数学方案寻找机械设计的最佳方案时，通常对影响机械性能的目标函数的可导性有着严格要求，同时为了有效解决局部最优值的问题，可以引入智能优化算法。智能优化算法基于天然的计算优势，可以有效地解决传统优化方法难以应对的复杂问题。

（4）仓储物流配置

智能优化算法可以辅助进行规划决策，有效地促进仓储物流资源的优化配置，具体可以通过遗传算法和数学规划等运筹优化算法来实现。其中，多智能体强化学习算法和蚁群算法[1]在分拣路径规划、多运输机器人的协调调度方面能够发挥重要作用。

（5）系统和设备运维

在系统和设备的运维方面，可以通过蚁群算法并结合维修成本和时间等约束条件计算出最佳的选择性维修决策（组合优化）模型。此外，可以基于智能制造系统的物料需求计划（Material Requirement Planning，MRP）文档中的供需信息，利用蚁群优化算法辅助制订销售人员的差旅计划，尽量缩短人员的行动路径，进一步提升工作效率。

---

[1] 蚁群算法：一种用来寻找优化路径的概率型算法，具有分布计算、信息正反馈和启发式搜索的特征。

1.3.2 模式识别技术

模式识别是一种利用计算机算法对模式（即环境或对象）进行识别、判读的处理方法，是信息科学和人工智能的重要组成部分，其具体应用领域包括图像识别与处理、语言信息处理、声音分类、计算机辅助诊断等。在制造领域中，模式识别技术可以在产品质量检测、半成品或流程问题识别、物体属性测量等方面发挥重要作用，如图 1-8 所示。

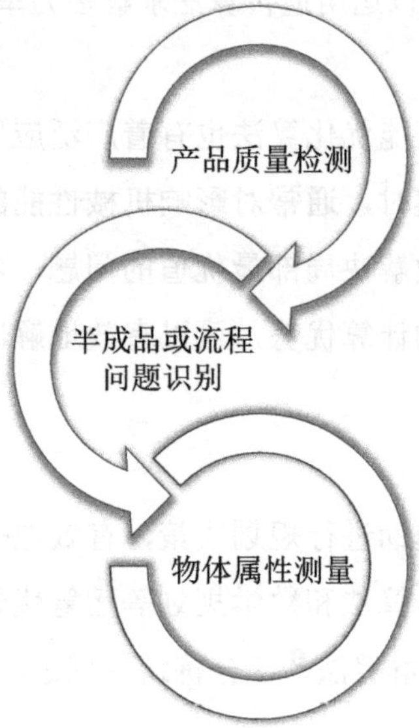

图 1-8 模式识别技术在智能制造领域的切入点

（1）产品质量检测

产品质量检测是确保生产质量的重要环节。传统的质检方法对人工的依赖性较大，具有两个明显的缺陷：一是质检准确性容易受到工作人员的经验、操作熟练度或工作状态的影响，工作强度较大时，失误率、次品率也会提高；二是人工质检效率低下，人力投入、人工成本较大。随着生产作业自动化程度的提高，人工质检难以满足大量生产检测需求，而应用模式识别技术可以很好地解决质检环节面临的各种问题。

一般来说，成品可能存在的缺陷问题有划痕、孔洞、裂纹、污渍、暗点或亮点等。利用模式识别技术，可以针对这些缺陷问题进行二维平面建模，然后系统根据模型信息自动进行比对识别。构建模型的过程也是系统积累缺陷问题知识经验的过程，模式识别技术的应用，不仅可以准确识别产品缺陷，找到存在严重质量或安全风险的产品；还可以结合大量次品数据、缺陷数据和生产数据，总结归纳产品容易出现的问题，分析出现次品的原因，进而辅助进行生产工艺与产品设计优化，最终达到提升产品质量、降低次品率的目的。

（2）半成品或流程问题识别

识别模式技术还可以用于生产中间环节，以及时发现半成品或流程存在的问题。例如，在高速运行的包装产线上，可以通过模式识别技术检测滚动轴承故障或有问题的包装，前者是将滚动轴承振动特征向量作为支持向量机的输入，以判断轴承运行是否正常；后者则是根据提取到的图像信息（包括颜色、亮度等）特征来识别包装是否存在破损、变形、开胶等情况。

比如，在半导体生产过程中，通常使用混合自组织图和支持向量机（Self-Organizing Map and Support Vector Machine，SOM-SVM）的方法来识别晶圆箱图的缺陷。

（3）物体属性测量

模式识别技术可以用于测量接插件、齿轮等零部件的尺寸、外观等属性，同时可以对被测零件进行精准定位。目前，这一技术随着智能制造的发展逐渐得到普及和应用，具有较大的发展空间，可以根据不同制造场景的检测需求进行改进，使识别性能更加高效、精准。

比如，针对轴承故障检测场景，可以在局部均值分解（Local Mean Decomposition，LMD）时频分析方法的基础上，利用故障振动信号特征值的变化规律，将 LMD 能量矩与变量预测模型模式识别的方法进行融合，从而实现故障智能诊断方法的创新，获得更加准确的检测结果。

再如，基于荧光磁粉无损检测技术和电荷耦合器件（Charge Coupled Device，CCD）图像获取系统，可以对检测对象的图像数据进行采集，并应用模式识别技术和相关算法技术对这些图像数据进行处理，从而准确识别图像（即检测对象）存在的缺陷情况。同时，我们可以在模式识别中引入系统健康指标，从而获取详细的系统故障信息。

1.3.3 模糊控制技术

模糊控制是一种针对复杂而又难以被精确描述的系统的控制方法，在智能化、自动化生产活动中有着广泛应用。与可以集中、批量处理大量任务或信息的精确的智能化自动控制系统不同，模糊控制是在模糊逻辑推理原则、模糊集合论和模糊语言变量的基础上，将来自人工的控制经验作为控制的规则，利用计算技术构建模糊模型，实现对制造系统的智能化、自动化控制。

由于模糊控制对输入变量的精确度要求不高，因此具有较强的适应性和鲁棒性，能够处理非确定性、非线性的控制需求。以下对其应用案例进行介绍：

- 案例1：在基于CMOS（Complementary Metal-Oxide-Semiconductor，互补金属氧化物半导体）摄像头循迹的四轮智能车控制系统中，即搭载了自适应模糊控制器，这种控制器与传统控制器相比，结构有了进一步优化。
- 案例2：在进行火焰切割机自动调高系统设计时，可以先对影响调高系统运行精度、运行稳定性的因素进行分析，常见的外部影响因素包括切割机的机械结构稳定性、控制算法和切割对象的材料、切割轨迹等。而在控制系统方面，可以融合运用脉冲宽度调制（Pulse Width Modulation，PWM）控制技术和模糊控制技术，以提高自动调高控制系统的性能。
- 案例3：工业自动化领域常用的调节阀定位器控制系统，所采用的合成推理方法属于模糊控制的范畴，与传统的阀门定位器控制方法相比，其控制精度进一步提高。
- 案例4：注塑零件的焊接线位置控制系统应用的计算机辅助工程（Computer Aided Engineering，CAE）软件，融合了模糊控制技术，使模具的设计效率大幅提高。

此外，模糊控制还被广泛应用于 AGV 调速控制、家用电器智能化控制、冶金与化工过程控制、仪器仪表自动化控制等领域。

1.3.4　深度学习技术

随着数字化工厂、数字化生产的不断推进，相关数据量呈爆发式快速增长，传统的统计建模方式和系统模式已经难以满足大量级、非结构化、高维度的数据处理需求。而深度学习作为近年来计算机算法领域取得突出进展的技术，可以为智能制造精准赋能，具体表现在生产智能化控制与生产零部件或产品的质量检测等方面。以下对该技术在不同领域的应用进行介绍。

（1）基于图像数据的产品质量检测

在检测系统中搭载深度学习模型，可以使其具备快速识别零部件或材料缺陷（如划伤、裂纹）的能力，检测速度快至毫秒级。

深度学习模型从过往的海量历史数据中“学习”各种缺陷特征，基于这些特征信息对现有图片进行识别并标识出缺陷内容，辅助工作人员及时优化改进。模型的识别精度往往比人工识别更高，作业时长不会像人工作业那样受到精力、体力的限制，且能够在几秒内完成人工若干小时才能完成的工作量，由此大大提升了质检的效率。

基于图像数据的深度学习模型除了辅助产品质检与不良品分拣，还可以对工件进行精准定位，保证机械臂作用在正确的工件位置上，同时可以在精度测量、工件装配检查等方面发挥作用。

（2）基于工程参数和生产变量的资源量分析

深度学习系统可以基于互联网工业平台获取若干个工厂的过程参数，并对这些参数进行学习，然后结合产品设计变量等动态数据来跟踪用电模式，进而通过智能分析与决策实现相关资源利用率的最大化。

例如，在再生能源行业中，如何摆脱对化石燃料的依赖、实现对可持续能源的有效利用，是许多企业面临的主要问题，而深度学习算法可以辅助规划最佳过渡轨迹，妥善解决企业转型面临的一系列问题。

（3）基于历史数据的故障诊断

深度学习模型可以通过学习历史产线故障的相关数据，获得对产线故障的辨别、判断能力，从而为产线问题诊断、故障原因分析提供支持。同时，还可以通过学习维护标准、过往维护记录和基本维护方法等相关数据，为工作人员提供解决方案或优化维护建议；甚至可以将模型装载到设备控制系统中，实现机器设备的自我诊断、自动恢复。

例如，西门子将深度学习技术应用于电网问题诊断，深度学习模型通过学习历史故障数据并结合电网中的继电器分布信息，可以对问题的出现点、出现原因做出较为准确的判断，辅助工作人员进行维修作业。

（4）多技术融合下的拓展应用

在实际生产制造场景中，将深度学习技术与其他智能化技术融合应用，可以提升车间、产线的智能化水平，为自动化生产精准赋能。现有的深度学习算法与多技术融合的案例如下：

- 基于深度学习算法的图像识别与神经网络融合，有助于优选特征向量、提升图像特征提取的准确性，从而优化智能制造系统中的图像识别模块，提升系统的识别精度；
- 基于深度学习算法与多物理域信息多模式融合的智能感知，可以有效提升智能加工机器的感知能力和感知精度，并辅助解决感知环节面临的难题；
- 大数据分析技术与深度学习算法融合应用，可以快速识别、诊断机械零部件的故障问题，并进行准确分类，为维护优化提供数据基础；
- 在信息物理系统、数字孪生（Digital Twin，DT）系统架构中集成深度学习算法，可以为传统加工制造的智能化、数字化转型提供支持。

1.3.5 知识工程技术

知识工程（Knowledge Engineering）是一种基于数字化环境，在工程化思想的指导下，运用人工智能相关知识、方法或技术来构建知识型系统的学科，其核心任务是知识处理，具体的研究内容主要有知识的获取、表示和处理应用三个方面。知识工程系统中集成了某一专业领域或业务场景所需的各种专业知识，可以为专家系统或其他智能系统的构建提供支撑。

知识图谱是知识工程技术的主要应用形式，其中包括通用的大规模知识图谱和各个领域内专业性更强的知识图谱，知识图谱在大数据语义分析、聊天与问答系统、语义搜索和智能知识服务等场景中能够发挥重要作用，在商业智能、智能客服等场景中也具有广泛的应用价值。

在智能制造领域，进行产品创新和生产方式优化都需要以既有知识经验为基础，这些知识经验具体包括过往材料数据、实验数据、设计参数要求、失误及原因等历史数据信息，设计流程、设计标准、国家法规等通用信息，市场需求调查、用户反馈问题等动态信息。如果能够应用知识工程技术对这些知识进行整合分析，并将其系统地应用到产品设计环节，实现知识和设计流程软件化，则有利于提升设计开发的自动化程度，缩短产品设计周期，节约设计成本并降低设计人员的劳动强度。同时，以制度化、软件化的知识处理能力和智能化、高效化的设计方法驱动产品设计创新和企业发展。

知识工程技术在智能制造领域的应用包括但不限于以下方面，如图 1-9 所示。

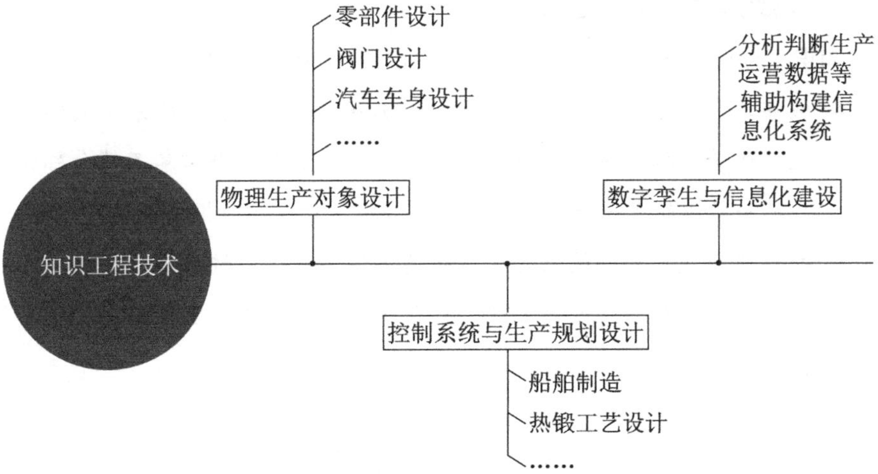

图 1-9　知识工程技术在智能制造领域的应用

（1）物理生产对象设计

知识工程技术在物理生产对象设计方面的应用如下：

- 在零部件设计方面，可以通过知识工程技术建立零部件产品知识库，然后在此基础上应用参数化设计方法对零部件产品进行实时检验与设计；
- 在阀门设计方面，可以基于知识工程技术构建阀门智能设计系统，从而针对不同的场景需求输出智能化的阀门设计方案；
- 在汽车车身设计方面，可以将知识工程技术引入车身侧围设计软件中，并通过对车身侧围设计软件和一步逆算成形冲压分析软件的融合应用，计算出合理的、精确的车身设计方案。

（2）控制系统与生产规划设计

知识工程技术在控制系统与生产规划设计方面的应用如下：

- 在船舶制造领域，可以通过知识工程技术整合现代船舶生产制造模式、生产计划及其控制等方面的知识经验，并构建基于该知识工程系统的设计模型；
- 在进行热锻工艺设计时，可以将热锻工艺流程经验及相关知识集成到知识工程系统框架中，从而为设计工程师提供设计知识库等数据支撑。

（3）数字孪生与信息化建设

知识工程技术在数字孪生与信息化建设方面的应用如下：

- 数字孪生的生产系统可以基于知识工程系统框架，对所采集到的实际生产运营数据、环境数据进行分析判断，如果数据信息不符合知识库中的一般逻辑或规律，即可能存在异常，从而及时报警反馈；
- 知识工程技术可以辅助企业构建完善的信息化系统，将生产数据、运营数据、人员信息等内容作为知识输入到系统中，实现对各类信息的高效管理。

1.3.6 商业智能技术

随着数字技术、智能技术在商业贸易和生产领域的应用，以大数据作为驱动力的智能制造成为行业发展的重要趋势。在这一背景下，数据信息处理能力成为驱动企业智能化转型、提升竞争优势的重要因素。而要实现转型目标，就离不开对商业智能技术的应用。该技术可以辅助企业建立数据化运营体系，通过对多来源的海量数据进行分析，获取准确的市场需求动态信息，从而正确地判断发展趋势，制定合理的运营策略或问题解决方案，真正实现数据驱动决策。

商业智能技术的应用覆盖多个行业。其中，在零售业和制造业应用的市场份额约占整体应用的三分之一，这是商业智能技术在这两个行业中颇具发展潜力的体现。以下对其具体应用场景进行介绍。

（1）在零售行业中的具体应用场景

商业智能技术在零售行业中的具体应用场景如下：

①操作现场：实现生产作业流程、销售流程、分发流程与技术流程的有机结合。

②决策支持：商业智能的决策支持系统包含了模型库管理、数据仓库管理、知识库管理、数据采集与挖掘、用户界面等模块，可以基于知识、交互、模型及数据的系统集成进行优化决策。

③售后服务：基于商业智能技术的保修分析解决系统，可以辅助工程师迅速处理各类保修问题，包括保修赔偿率计算、是否发起特殊检查需求等。

④办公系统：提升对人员、物资等资源的管理能力，完善生产管理，促进团队协作，提高工作效率和数据分析处理的效率。

（2）在智能制造领域的具体应用场景

商业智能技术在智能制造领域的具体应用场景如下：

①基于数据仓库输出商业智能应用实施方案。其具体方法是通过 SQL Server 平台创建覆盖生产、仓储和销售等环节的数据仓库；利用平台集成服务将相关环节的动态数据输入数据仓库中；利用平台分析服务建立与各

环节对应的数据集，并根据相关规则进行分析处理；利用平台报表服务完成商业智能的任务交付。同时，制造系统与该方案的融合，不仅可以打通各车间系统接口，还能够赋予车间系统数据集成、分析及可视化呈现的功能。

②针对售后服务输出商业智能应用实施方案。该方案可以基于售后服务数据、行业动态数据等，找出当前售后服务过程中存在的问题，辅助分析问题原因、制定解决方案，从而促进售后服务质量的提升。

③基于 ERP 系统、柔性制造系统的商业智能数据处理。利用商业智能系统对 ERP 系统数据进行挖掘与分析，可以辅助管理者进行科学决策；利用商业智能系统对市场需求信息、用户反馈信息进行分析，可以输出符合需求的柔性制造数据，从而辅助管理者进行生产规划。

1.4 实践对策：传统制造业的转型之路

1.4.1 构建智能制造创新体系

新一轮产业革命在世界范围内的开展，给“中国制造”的发展带来了更多挑战，与此同时，我国在与发达国家和新兴工业化国家竞争的过程中陷入两难境地。因此，为了提高国家整体的竞争力，我国要从“制造大国”迈向“制造强国”，运用先进技术，提升自主创新能力，发展优势产业，力求在全球制造业价值链的高端环节占据一席之地。

（1）加快构建制造业国家创新体系

要想实现制造业的转型升级，国家就要提高创新能力，建设完善的创新体系。在具体实施过程中要做到以下几方面：

①通过整合优势科技力量推动战略性新兴产业的发展，聚焦核心技术的研发与创新，逐一解决新兴产业在发展过程中存在的技术问题，为新兴产业

的发展提供有力的技术支撑。

②发挥创新驱动力，促进传统优势产业的转型升级。制造业要通过自主创新掌握核心技术，提高对内部优势资源的利用率，加快自身的发展进程，与此同时要突破传统思维的束缚，借助新兴技术进行产业变革。

③制造业要进行系统化的创新建设与发展，实现产学研的结合发展。当前，国内很多制造企业尚未实现部门之间的信息共享与协作，产学研发展的配合程度较低。为了改善这种局面，相关部门应集中优势资源力量，进行系统化产业创新，加强产业链上各个环节之间的合作关系。

为此，经济参与主体应该做到以下三点：首先，要打造统一的创新平台，实现产学研的结合发展，并完善相关的机制体系；其次，将新兴技术应用到企业的发展过程中，提高对核心制造技术的资金支持力度，通过完善机制体系，促进先进制造工艺的商业化发展；最后，强化基础设施建设，提高技术资源的开放程度，促进行业内部的信息共享，进一步提高制造业的整体竞争实力。

（2）通过“制造＋服务”实现价值链升级

想要提高我国制造业在全球市场中的地位，就必须增加传统制造业的价值含量。因此，要找到制造业与现代服务业之间的结合点，依托专业的人才队伍、先进的科技手段丰富制造业的文化内涵。

在这个过程中，要特别注重生产性服务业的发展，加强对技术研发、产品设计及生产方面的投资，对原有的生产经营管理方式进行调整与优化。与此同时，要创建公平、公正、公开的市场环境，通过出台相关的知识产权保护条例，加强对企业发展过程的监督，促成行业信用机制的建立，为制造业的技术创新与应用、信息服务、保险服务等保驾护航。

（3）整合优势资源进行产业创新

互联网相关技术的发展和应用，使得诸多产业不再受资源、时空、组织等因素的束缚，能够将企业、社会机构、科研院所等的优势资源集中起来，依靠信息技术，搭建服务于不同行业的信息平台。比如，跨国公司可以利用互联网与多个国家的科研机构保持联系，共同推进科技创新，并通过资源共享，提高整个研发过程的运营效率，实现世界范围内的资源调度与高效利用。

德国工程院、弗劳恩霍夫协会、西门子公司共同参与了“工业4.0”研究项目，实现了学术界与产业界的联合，有效推动了技术创新与战略实施。美国启动“全国制造业创新网络计划（National Network for Manufacturing Innovation，NNMI）”，建立了45个创新研究中心，借助网络平台的优势进行资源的优化配置，使美国在先进制造领域维持自身的竞争优势。

（4）启动国家智能制造重大专项工程

从全球范围来看，近几年越来越多的国家开始出台智能制造战略，制造业的智能化转型趋势势不可挡。我国制造行业的3D打印、数控机床、智能传感等技术也都取得了显著的成就，产业体系的发展已经渐趋成熟。

但从宏观角度来分析，除了扩大再生产之外，国内制造业在其他方面的发展仍然不太理想，相关企业仍需改革传统思想，利用先进的技术与设备促进行业转型。为此，国家相关部门应做好顶层设计，推出针对性的发展项目，聚焦技术研发与应用，为企业的智能化发展提供扶持。具体对策如下：

- 攻克关键技术，在工业机器人、智能制造装备的研发等方面进行创新。
- 建设数字工厂，带动行业内其他企业的发展。划出重点示范企业，优先进行数字化建设与发展，以局部带动整体，最终提高整个行业的数字化发展水平。
- 提高制造业对数据资源的利用效率，实现资源的优化配置。发挥实力型企业的示范效应，促使企业在生产、营销、售后及供应链管理等各个环节进行数据获取与分析，利用分析结果提高企业决策的准确度，提升整体运营效率。

1.4.2 探索服务型制造新模式

近年来，制造企业正在向服务化的方向转型发展，为了充分适应新的模式和环境，企业还需进一步革新组织结构和运营流程。在现代制造企业中，制造和服务功能之间联系紧密，因此产业边界的清晰度日渐降低，制造业和服务业之间的关联也得到了进一步加深。对制造领域的企业来说，可以通过创新价值链来强化各项生产性服务功能，提高制造效率。具体来说，企业在进行价值链创新的过程中需要完成研发环节的创新、生产流程的创新、组织结构的创新、制造环节的创新和营销渠道的创新等工作，如图 1-10 所示。

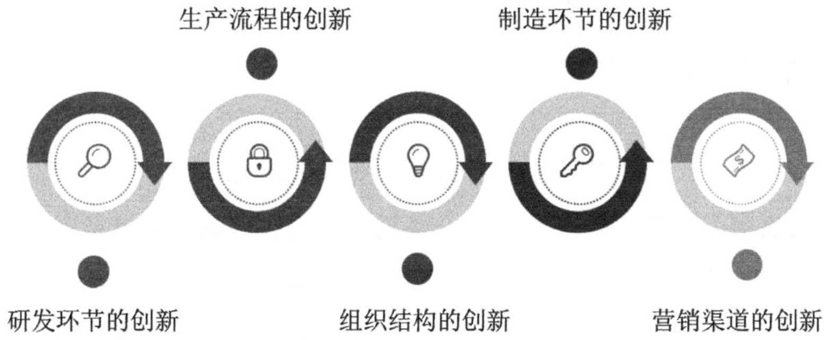

图 1-10 企业价值链创新的过程

（1）研发环节的创新

新工业革命的发展驱动了制造业的转型升级，制造业在生产方面的社会化程度得到了进一步提高。制造企业需要根据当前的需求进行产品设计和产品开发，以便降低企业成本，为客户提供个性化、定制化的服务。

企业经营的第一步是深度把握客户的需求，企业应在充分了解目标客户的实际需求的基础上进一步挖掘潜在客户的价值主张，借助制造服务化来创新产品和服务，进而推动消费市场革新。随着企业与用户之间界限的清晰度逐渐降低，作为消费者的用户既可以通过企业的用户调查和意见反馈来影响企业生产，也可以借助众创和众设等方式直接参与到产品开发工作当中。

（2）生产流程的创新

为探索服务型制造新模式，需要对企业的价值提供方式进行创新。从实际操作层面来看，企业应革新业务经营方式，强化自身能力的独特性，并快速适应新的环境，提高运转效率，进而获取更高的市场利润。

企业可以借助对生产流程的创新实现对设计、生产、物流和分销等环节的一体化管理，提高管理和运行的效率，同时还可以减少在周转过程中所花费的时间，最大限度地降低库存量。以供应链管理创新为例，为了提高制造模式的个性化程度，企业应该在以需求驱动的供应链的基础上融入客户互动功能，以便深入理解客户，为客户提供更加优质的服务。

（3）组织结构的创新

制造企业可以通过组织结构创新来提升资源整合效率，从而增强价值创造能力，同时也可以借助组织结构创新来打造更具有效率的工作环境，大幅提高绩效水平，强化自身竞争力，实现资产标准化，以便达到减少运营成本支出和降低运营复杂度的目的。

以海尔为例，海尔将“企业平台化、员工创客化、用户个性化”作为创新转型的法则，将各个企业组织拆分成创业平台，打造具有开放性和集联性等特点的平台共同体，支持各个创客团队按需分配人力、物力和资金，并建立小微创客企业来为员工创新提供支持，进而开发出更多能够满足用户个性化需求的产品和服务。

（4）制造环节的创新

制造环节的创新是制造方式向自动化和智能化方向发展的结果。制造企业可以利用互联网等新一代信息技术对整个生产制造过程中的所有环节进行优化升级，以便提高生产效率、减少成本支出，同时也可以充分发挥大数据存储与分析技术的作用，研发可以应用于设计、开发和维护等环节的软件，进而提高服务价值，实现生产制造功能和服务功能的一体化。

以智能工厂为例，企业需要构建一个人、财、物之间存在有机联系的物理信息系统，提高制造过程的数字化程度，以便在此基础上推动智能工厂实现柔性制造，充分满足市场需求，并提高需求响应速度，降低生产成本，实现大规模定制，强化自身的市场竞争力。

(5) 营销渠道的创新

营销渠道的服务化指的是通过创新价值传递系统或价值传递媒介的方式加强价值创造与用户需求之间的联系。具体来说，企业可以通过线上与线下相融合的方式为用户购买产品提供便利的渠道，同时也能够最大限度降低交易成本、优化用户体验。就目前来看，在制造业领域，许多企业正在不断加快线上到线下（Online to Offline，O2O）布局的步伐，在这个过程中，企业需要积极整合线上、线下资源，推动商业模式创新发展，提高生产的个性化和定制化程度及需求响应速度，充分满足客户日渐个性化的需求。

1.4.3 科技赋能企业数智转型

企业是市场经济体系中的基本单位，在其发展过程中，既要依托互联网对市场需求及其变动情况进行分析与把握，与合作伙伴共同进行新产品的开发；又要注重内部组织结构的调整，为企业的发展提供强有力的内部支撑。为了推进“中国制造 2025”的开展，我国制造业领域的企业应该利用信息技术实现生产要素的优化调整、组织结构的改革升级、资源利用率的提升，从而有效提高企业整体运转效率。

企业经营者需要认识到，技术的发展能够促进企业组织结构的变革。借助于不断发展的新兴技术，企业能够构建统一的信息管理系统，对供应商、合作企业、内部员工、顾客群体的信息进行储存与管理，在产生相关需求时，可以及时地进行信息提取、分析，并实现各个部门之间的数据共享。为适应数字化、智能化的发展进程，企业应该对传统的组织结构、生产流程及运营模式实施改革，实现企业生产环节与数字化技术的深度结合，在技术应用过程中对其实践结果进行实时检测，及时发现问题，从而在企业发展过程中，发挥技术的推动作用。

近年来，我国制造领域的企业逐步实现了智能化技术在各个环节的应用，有效提高了企业生产及运营的智能化水平。在智能化应用的基础上，企业还可以借助工业信息系统，将企业生产、设备应用、车间管理、市场需求等各个环节的信息串联起来，并对企业的生产过程进行合理安排，优化原材料引进、零部件供应等各个流程的运营。

通过工业云平台，企业能够实现内部资源的整合，并服务于企业的研发设计、生产加工、日常运营等，有效提高资源利用率；应用3D打印等技术，企业可以颠覆传统的产品生产组装方式，为产品的开发与设计、个性化定制提供技术支撑；应用大数据统计与分析技术，企业能够实现设计、生产、经营等各个环节的数字化，通过发挥数据的参考价值来提高企业决策的科学性与针对性；借助数字化技术，企业能够更加合理地安排生产任务，对传统生产组织模式进行改革，实现各部门之间的协同合作，并催生出依托网络平台开展运营的虚拟企业。

除了研发设计等工作之外，小米的产品生产、配送、营销等多个环节的工作都由第三方承包，小米总部利用网络平台与合作企业展开沟通互动，将产业链上各个环节的企业连接到一起。此外，还可以运用网络众包平台选择承包企业，对分包项目实施有效管理。

在电商平台迅速崛起的今天，很多企业在线上渠道开展运营，增加了产品销售途径，扩大了产品与品牌的覆盖范围，减少了企业在营销环节的成本消耗。当制造业建立起完善的供应链体系以及信息物理系统时，企业就能够根据发展需求，实现材料、设备等资源的优化配置以及产业链的数字化建设与运营。

时至今日，我国经过多年探索，在基础建设、理论研究、人才培养等方面积累了一定的经验，与此同时在许多方面仍然存在不足，面临创新人才匮乏、理论研究浅显、自主创新能力薄弱等问题。尤其在关键技术方面，我国仍然落后于西方发达国家，为了改善这种局面，我们应该积极学习先进技术经验，加强人才的培养及基础理论研究，并形成适合我国制造业发展的理论体系。

基础建设是“中国制造2025”的重点项目，在基础建设的过程中，要以我国的具体国情为基准，促进相关理论体系的发展与完善。要实现“中国制造2025”的战略目标，就要建立健全工业基础设施体系，保证工业企业能够制造出生产发展所需的材料。以基础建设为切入点，通过解决实际发展过程中存在的困难，有针对性地丰富我国的基础建设理论，促进我国基础建设事业的发展。当前，我国的重要基建项目地位已经逐步凸显，如交通基础设施、互联网基础设施等，同时，我国还需要对比其他国家在基建方面取得的领先成就，综合考虑国内实际情况，制定各项基建工程的研究与发展方向，为中国制造 2025 战略的实施提供有效保障。

目前，制造业的智能化转型正在轰轰烈烈地进行，新一轮的工业革命已经到来。在激烈的国际竞争环境中，我国需要把握好自己的发展节奏，既要抓住机遇，又要避免盲目跟风。现阶段，我国应该着眼于全局，制定长期有效的发展战略，明确“中国制造”的发展目标，实现创新驱动，通过输出优质产品来提升整体竞争力。

另外，我们要正确认识“中国制造 2025”的关键内容，实现生产制造与现代科技的结合发展，借助先进技术的力量提升整体运营效率，为国家的经济发展、国防建设提供强大的技术支撑。坚持开放性的对外政策，加强对外合作，在国际环境中通过合作学习、自主创新不断完善我国的基础建设，培育专业人才，建设专业的人才队伍，开辟中国特色的工业发展道路，实现我国制造业的转型升级。在新的时代背景下，我们要牢牢把握发展方向，积极参与新一轮的技术革命与产业革命。

1.4.4　推动企业生产模式变革

要想从“制造”转变为“智造”，企业的生产流程必须进行一场从基础操作开始的技术革命。只有主动迎合数字化时代，制造企业才能紧抓不断变化的需求，实现持续增长，稳步迈进智能制造时代。数字化的发展为新型制造业的诞生提供了充足的条件，制造企业要想发展必须打破常规，积极与 ICT 技术（Information and Communications Technology，信息与通信技术）融合，让相关环节的所有元素实现互联互通，从而在市场竞争中掌握主动权。

下面我们就来具体分析一下制造企业该如何推动生产模式变革，从“制造”

升级为“智造”，如图 1-11 所示。

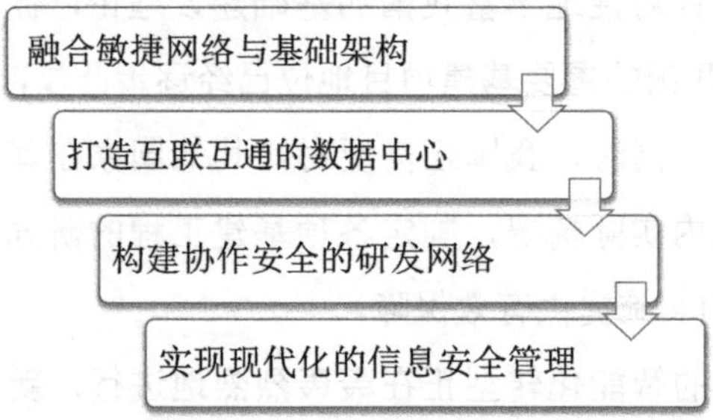
融合敏捷网络与基础架构
打造互联互通的数据中心
构建协作安全的研发网络
实现现代化的信息安全管理

图 1-11　制造企业生产模式变革的策略

（1）融合敏捷网络与基础架构

制造业企业在进行智能化转型的过程中，面临的一道难题就是不断发展的新兴技术与陈旧的基础架构融合困难。比如，大数据、物联网、人工智能等技术在生产环节中的应用严重依赖动态带宽分配机制，需要保证海量数据能实现实时、可靠、高质量传输，但工厂所在地可能无法实现网络基础设施覆盖，网络连接、传输等功能自然无法实现。要想解决这些问题，企业必须创新生产方式，建设无线工厂是一个不错的选择。

比如，通过引入华为自主研发的敏捷网络系统，完成基于 eLTE（enterprise LTE，无线集群通信系统）的领先系统的部署，能够实现灵活、分布式 Wi-Fi 联网。同时，该系统高带宽和低时延的特征也能够保证制造企业可以在新的生产环境中完成系统的部署工作，并对现有的企业基础架构进行升级。

（2）打造互联互通的数据中心

在产业链的各个主体之间建立有效协作是智能制造实现的前提，在数字化技术的支持下，企业的所有业务流程均可实现有效监控。因此，企业要保证数据中心与制造过程相互联通，努力提升端到端的管理能力及可靠的数据备份与恢复能力，并拥有随企业发展而拓展的潜力。

（3）构建协作安全的研发网络

制造企业的研发活动经常面临一系列问题，比如网络部署成本过高、网络运维复杂、数据潜藏安全风险等。部署智能技术推动研发活动的开展，不仅能提升业务绩效、促进企业创新，还能帮企业巩固其现有的技术成果。当信息能在部门之间、地区之间无缝、安全地共享时，研发活动的效用才能充分地发挥出来。因此，企业必须疏通内外网之间的通信。

（4）实现现代化的信息安全管理

随着大数据技术的进步及其在各个领域应用的深入，数据的价值越来越不容忽视，但数据如果保存或使用不当就可能存在安全漏洞，只有围绕数据部署好相应的安全措施，数据在推动企业生产模式变革中的价值才能够得到体现。现代化的安全管理必须为制造过程提供有效支撑，具体方法如提供外部接口管理控制、USB 存储设备、远程数据清理、未经授权的终端接入控制、移动终端数据加密等。

02

第 2 章 智能工厂规划布局

2.1 智能工厂：开启未来智能制造模式»

2.1.1 智能工厂的概念与特征

随着科学技术的进步，工业制造企业已经陆续开展智能工厂建设工作，并革新自身的生产方式和资源组织模式，积极向数字化、网络化和智能化的方向转型，为整个工业制造行业实现智能制造提供助力。

为了建设制造强国，2021 年我国在“十四五”规划纲要中强调，“要深入实施智能制造和绿色制造工程，发展服务型制造新模式，推动制造业高端化、智能化、绿色化”。近年来，5G 等新兴技术在制造业中的应用越来越广泛，我国已经将制造业智能化发展作为制造业的重要转型方向。2021 年 12 月，我国工业和信息化部正式发布《“十四五”智能制造发展规划》，并确立了“到 2025 年，70% 的规模以上制造业企业基本实现数字化网络化，建成 500 个以上引领行业发展的智能制造示范工厂”的发展目标。

就目前来看，智能工厂已经在钢铁、石油化工、汽车制造、航空航天、飞机制造和机械装备制造等多个行业中得到高度发展。

（1）智能工厂的概念与构成

2022 年 3 月 9 日，我国正式发布《智能工厂　通用技术要求》，并于 10 月 1 日正式开始实施。该文件指出，“智能工厂是在数字化工厂的基础上，利用物联网技术和监控技术加强信息管理和服务，提高生产过程可控性、减少生产线人工干预，合理计划排程”。除此之外，智能工厂还融合了多种智能系统和智能技术，具有高效化、节能化、绿色化、环保化、舒适化和人性化等特点。

智能工厂是制造业企业实现智能制造的重要支撑。具体来说，智能工厂中具有能够互操作的智能装备、生产管理系统和计算机辅助工具，能够以智能化、网络化的方式对各项智能制造活动进行分布式管理，提高业务流程和工艺流程之间的协同性，并动态配置企业内外的各项生产资源。

数字化、网络化的软硬件基础设施是企业实现智能制造的关键，比如：

- 计算机辅助设计（Computer Aided Design，CAD）、计算机辅助工程（Computer Aided Engineering，CAE）、计算机辅助工艺设计（Computer Aided Process Planning，CAPP）、计算机辅助制造（Computer Aided Manufacturing，CAM）等计算机辅助工具。
- 物流仿真、工艺仿真和工程物理仿真等计算机仿真工具，其中，工程物理仿真主要包括声学分析、结构分析、流体分析、运动分析、热力学分析和复合材料分析等多物理场仿真。
- 企业资源计划（ERP）、制造执行系统（MES）、产品全生命周期管理（PLM）、产品数据管理（Product Data Management，PDM）等工厂/车间业务与生产管理系统。
- 增材制造装备、智能传感与控制装备、智能物流与仓储装备、智能检测与装配装备和高档数控机床与机器人等智能装备。
- 大数据、物联网、云计算等新兴信息技术。

（2）智能工厂的主要特征

智能工厂主要具备五项明显特征，分别是设备互联、应用工业软件、精益化生产、柔性自动化和实时洞察，如图 2-1 所示。

图 2-1　智能工厂的主要特征

①设备互联。智能工厂中具有由大量设备控制系统和传感器设备构成的数据采集与监视控制系统（Supervisory Control And Data Acquisition，

SCADA），且实现了机器与机器（Machine to Machine，M2M）互联，既能够实时采集设备状态信息、生产完工信息和产品质量信息，又能够综合运用RFID（Radio Frequency Identification，射频识别）技术来对生产过程进行追溯。

②应用工业软件。智能工厂中装配了MES、能源管理、质量管理、高级计划与排程系统（Advanced Planning and Scheduling，APS）等多种工业软件和系统，能够充分确保整个生产过程高度可视化。不仅如此，企业在建设新的智能工厂时还可以利用数字化仿真软件来对工厂中的设备、物流、产线布局和人机工程等进行仿真和测试，以便提高工厂结构的合理性。

工厂的数字化转型应加强对数据安全、设备安全和自动化系统安全的保护，并利用专业的检测设备对产品进行检测和自动化分流，精准地区分残次品和合格品。同时，工厂也要利用统计过程控制（Statistical Process Control，SPC）等分析评价工具来找出产品出现质量问题的原因。

③精益化生产。智能工厂具有精益化生产的特点，能够根据订单进行拉动式生产，在一定程度上降低在制品的库存数量，避免过度浪费。企业在建设智能工厂时需要全方位考虑自身产品和工艺的特点，提高产品研发的标准性、系列性和模块化的程度。

④柔性自动化。智能工厂具有柔性自动化的特点，能够不断提高生产、检测和物流环节的自动化程度，并为产品生产量大、产品种类少的企业实现高度自动化以及产品生产量小、产品种类多的企业实现人机结合提供助力，以便根据各个企业的实际情况来推动企业实现智能制造。

企业在建设智能工厂时应该为自动化生产线和装配线设置一定的冗余，并探索快速换模的方式，防止因设备出现故障而停线，同时也能实现不同品种产品的混线生产。企业应充分认识到物流自动化的重要性，将自动导向车（Automated Guided Vehicle，AGV）、桁架式机械手（Gantryrobot）、悬挂链输送机（Suspension chain conveyor）等设备作为传输生产物料的工具，并建设物料超市，以便快速地将各类物料精准传送到生产线和装配线上。除此之外，企业还应利用机器视觉等技术手段来进行质量检测，提高质量检测的自动化程度，并明确助力设备的使用方式，为车间工人的工作提供支持。

⑤实时洞察。智能工厂具有实时洞察的特点，能够借助生产指挥系统来

对生产情况、产品质量、能耗情况和设备状态等进行实时洞察，有效防止出现非计划停机问题，同时企业也可以构建工厂的数字映射，并借助数字映射来了解生产现场的情况，以便相关管理人员据此进行决策，达到提高决策有效性的目的。

智能工厂中不仅要配备自动化生产线和工业机器人，还要充分确保整个生产过程实现自动化、可视化、透明化和精益化，并集成生产过程与产品检测、质量检验、质量分析、生产物流等多个环节，打造工业生产闭环，推动工业生产过程中的各个环节和各个车间之间的时间信息共享，同时也要提高配送的准时性和作业的协同性。

企业在建设智能工厂时需要综合运用信息技术、通信技术、自动化技术、人工智能技术和先进制造技术，并在各项技术互相融合的基础上根据自身产品和生产工艺的特点来制定建设方案。

2.1.2　智能工厂总体系统架构

从体系架构上来看，智能工厂主要包括五个层级，分别是基础设施层、智能装备层、智能产线层、智能车间层和工厂管控层（如图 2-2 所示），同时企业建设智能工厂也离不开 MES 系统的支持。

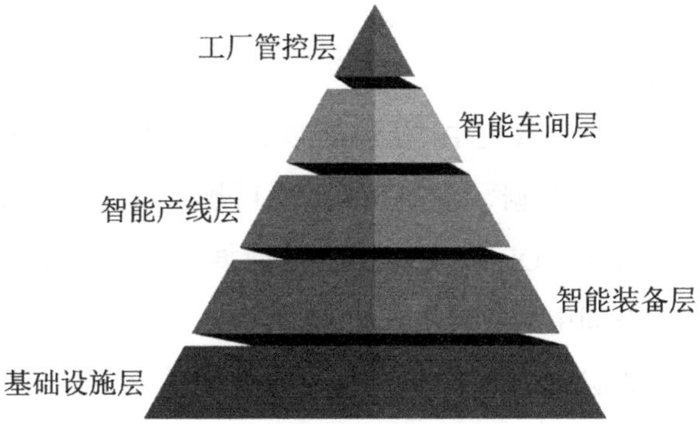

图 2-2　智能工厂的体系架构

（1）基础设施层

企业在建设基础设施层时既要在工厂中搭建用于自动传输指令信息和自动采集产线及设备信息的网络，也要在车间中打造集成化的联网环境，以便将使用各类不同的通信协议的设备、机器人、可编程逻辑控制器（Programmable Logic Controller，PLC）、IT系统等硬软件系统接入网络当中，同时还要充分发挥视频监控系统的作用，全方位地监控和识别车间环境、人员行为，并在发现异常情况时及时报警处理。除此之外，企业还需要利用智能化的方式精准控制工厂产品生产的温度、湿度和整洁度，进一步提高工业安全防控的智能化水平。

（2）智能装备层

智能工厂的运作离不开智能生产设备、智能检测设备和智能物流设备等智能装备的支持。现阶段，工业领域所使用的制造装备的智能化程度日渐提高，工业领域的企业可以利用智能化加工中心的误差补偿和温度补偿等功能来提高检测和加工的协同性，同时处理这两项工作任务。

智能工厂中的工业机器人具有能够精准识别工件、辅助其自动装配各类工件并自动避让障碍的各类传感器，进而通过人机协作的方式高效作业。智能工厂可以利用金属增材制造设备来制造、切削和加工各类零部件，利用自动导向车、智能夹具、悬挂链输送机、桁架式机械手和自动化物流仓库等智能物流设备来输送产品和物料。例如，我国德马吉森精机机床贸易有限公司开发出的混合制造加工中心能够同时开展增材制造和切削加工两项工作；日本发那科公司（FANUC）所使用的自动化立体仓库能够为各个智能加工单元传送物料。

（3）智能产线层

在智能工厂的智能产线层中，企业可以利用RFID、传感器、数控系统等工具来获取产品的生产数据、质量数据、能耗数据和设备综合效率（Overall Equipment Effectiveness，OEE）数据等多项数据信息，相关工作人员可以借助电子看板来了解车间中的实时生产状态。

同时，智能产线层还具备换模速度快、柔性自动化、安灯系统协同性强、混线生产、混线装配、工艺调整方式灵活等特点，既能在产品生产数量少、生产种类多等复杂情况下发挥重要作用，又能为相关工作人员提供智能化的提示。不仅如此，智能产线层中的冗余也能帮助企业有效防范因设备故障造成的非计划性停机问题。

（4）智能车间层

在智能工厂的智能车间层，企业应先将各项相关设备接入网络，再充分发挥MES、APS和劳动管理系统等软件的作用，提高排产和排班的高效性、科学性和合理性，从而达到提高设备综合效率的效果，同时也为实现对产品生产全过程的追溯提供支持，并降低产品库存数量，借助工业平板和人机接口（Human Machine Interface，HMI）等移动终端设备来提高生产过程的数字化程度。除此之外，企业也可以综合运用数字映射和MES来构建虚拟的三维车间模型和车间VR环境，并从中了解各项显示设备的实际状态。

为了确保生产物料配送的及时性，智能工厂需要借助各类智能物流状态来提高车间物流的智能化程度。对企业来说，在智能车间中可以借助电子标签拣货系统（Digital Picking System，DPS）来实现自动化的物料拣选。

（5）工厂管控层

智能工厂的工厂管控层能够利用生产指挥系统对工厂的实际运营情况和产品的生产过程进行实时监控，以便充分确保各个车间在资源调度等方面的协同性。具体来说，许多流程制造企业已经陆续将PLC和分散控制系统（Distributed Control System，DCS）等应用到生产管控当中，一些离散制造企业也开始利用中央控制室来实时获取工厂运营相关信息和设备的运行状态，并充分发挥图像识别技术的作用，从而及时发现车间中存在的问题，保证生产流程的正常运行。

2.1.3 国内外智能工厂建设现状

近年来，物联网、云计算和工业互联网等技术的应用越来越广泛，工业4.0逐渐成为当前的热点话题。世界各国纷纷推动制造业快速发展，大量制造业企业开始积极推进智能工厂建设：

- 在法国，施耐德电气有限公司已经实现了电气开关制造和电器开关包装全流程自动化。
- 在德国，西门子安贝格电子制造工厂通过不断提高生产流程的数字化、自动化和智能化水平的方式实现了多品种工控机的混线生产；德国曼集团已经建成了完整的场内物流体系和物料超市，可以直接利用AGV根据自身需求灵活装配、搬运和堆放产品零部件。

- 在日本，发那科公司大幅提高了机器人和伺服电机生产过程的自动化和智能化程度，同时也会借助自动化立体仓库来为智能制造单元传输物料提供方便，且已经能够在720小时内无人值守的情况下进行自动化生产；三菱电机名古屋制作所将人机结合的新型机器人应用到产品装配环节当中，既推动产品装配环节实现了智能化装配，又大幅提高了该产线的单位面积产量。

就目前来看，我国制造企业亟须进行智能化转型。具体来说，转型原因主要体现在以下两个方面：

- **竞争策略**：受劳动力、产能、市场竞争和客户需求等因素变化的影响，企业的经营成本不断升高，因此需要改变竞争策略，打造差异化竞争优势，并加快建设智能工厂的步伐，通过减员增效的方式来缓解招工困难、专业人才不足等问题。
- **技术和政策**：近年来，物联网、增材制造、机器视觉、协作机器人和预测性维护等先进技术和设备的应用逐渐广泛，且国家和地方政府陆续推出相关政策和文件对制造业企业进行扶持，这为许多大中型企业建设智能工厂提供了强有力的支持。

在我国，汽车、家电、制药、家居、轨道交通、食品饮料和装备制造等多个领域和行业都存在较大的智能工厂建设需求，各个企业亟须大幅提高生产和装配线的自动化和智能化的程度，海尔、美的等多家企业纷纷加快了建设智能工厂的速度，并在一定程度上为其他企业提供了具有参考价值的智能工厂建设样板。

海尔佛山滚筒洗衣机工厂在生产线中设置了精密装配机器人，具有柔性化、自动化和无人化的特点，能够根据订单自动完成产品的配置、生产和装配工作，并利用制造执行系统对订单的执行情况进行有效管理，利用射频识别技术来追溯产品全生命周期的各项信息，同时也实现了人机、机机和机物之间的互联互通。

此外，东莞劲胜精密组件股份有限公司能够利用国产的加工中心、数控中心和工业软件来全方位自动采集设备数据，并将车间接入网络，为工厂构建数字映射模型，进而实现了手机壳的智能化生产；广州尚品宅配家居股份有限公司建立了能够进行款式设计和板材切割的智能化生产加工控制系统，以便根据消费者的需求生产不同的板材。

现阶段，我国大部分制造企业在建设智能工厂的过程中都会遇到许多问题，具体主要表现在以下几个方面，如图 2-3 所示。

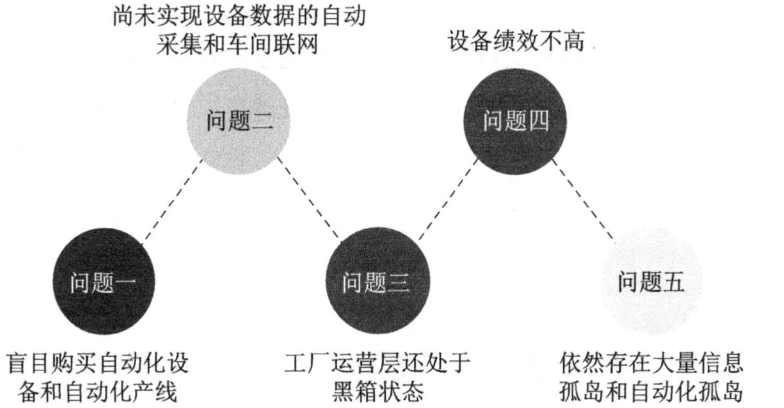

图 2-3　我国智能工厂建设中的主要问题

①盲目购买自动化设备和自动化产线。许多制造企业没有认识到软件系统的重要性，一味地通过在工厂中装配机器人等高端数控设备的方式来对工厂进行自动化、机器人化改造，导致工厂中的自动化生产线出现刚性强、产品单一等问题。

②尚未实现设备数据的自动采集和车间联网。一方面，许多企业所购买和装配的设备并未开放数据接口，无法自动采集数据；另一方面，大多数自动化厂商都使用自己的工业总线和通信协议，并未统一使用 OPC UA（Open Platform Communications Unified Architecture，开放性生产控制和统一架构）通信标准，也没有将车间接入网络。

③工厂运营层还处于黑箱状态。从工厂运营上来看，许多企业的车间中

不具备信息系统，难以对产品生产的整个过程进行追溯，也无法获取准确的工时数据和物料清单（Bill of Material，BOM）数据，导致难以进行有效的生产管理。

④设备绩效不高。许多企业的工厂中的各项设备都存在利用率较低、健康状态管理不足等问题，导致设备经常出现故障，工厂不得不停产处理。

⑤依然存在大量信息孤岛和自动化孤岛。许多企业存在信息孤岛和自动化孤岛，也并未统一规划自动化生产线，因此需要借助中转库来转运各个生产线之间的物料，在建设智能工厂时也难以有效集成各个领域的供应商来为工厂装配智能装备、自动化控制设备、传感器和工业软件等多种设备和软件。

总而言之，智能制造和智能工厂涉及多个领域，且系统具有高度复杂的特点，为了防止出现投资失败，企业在没有完全理解和掌握智能制造和智能工厂相关信息的情况下应控制智能工厂的建设速度，多参考来源于咨询服务机构的实战经验，并根据自身的信息化建设情况、自动化情况、精益团队情况、产品类型、生产工艺等内容来进行需求分析和整体规划，充分保障智能工厂建设的实效。

2.1.4 智能工厂规划与建设要点

企业在建设智能工厂时需要对智能工厂进行整体规划。具体来说，首先，企业应提高 IT 部门、自动化部门、精益推进部门和业务部门等多个部门之间的协同性，集成 IT 系统和自动化系统中的各项相关信息；其次，企业应采集、分析和处理设备、生产、物料、质量和能耗等异构数据；再次，企业应根据生产工艺要求和业务流程对厂房布局进行科学合理规划，充分确保物流的高效性和工人的舒适度；最后，企业还应通过培训等方式来提高相关工作人员的智能技术掌握水平，并向智能制造咨询服务机构求取经验，以便根据自身所处的行业和产品制造工艺等实际情况来设置建设目标和建设重点。

（1）确定智能工厂配套标准

企业在建设智能工厂时需要确定智能工厂标准。具体来说，智能工厂需要借助管理标准、技术标准、作业标准、质检标准等相关标准来确保业务流程管理和设备点检维护等工作的规范化，防止出现作业执行质量、产品质量、设备集成效率、职权匹配等情况无法满足自身运行要求的问题。

一般来说，智能工厂标准主要包括智能装备标准、工业互联网标准、主数据管理标准、智能工厂评估标准、设备点检维护标准、智能工厂系统集成标准和业务流程管理规范等相关标准规范。

（2）重视智能加工单元建设

现阶段，我国才刚刚进入智能加工单元应用初期，未来还需充分发挥智能技术的作用，在智能加工单元中集成 CNC（计算机控制机床）、加工中心、工业机器人和一些未完全实现自动化的设备，提高这些设备和系统的柔性化程度，并在此基础上推动制造企业向智能化发展，进而实现高效生产的目标。

（3）强调人机之间的协作

企业应将加强人机协作作为建设智能工厂的重要目标，并在合理控制成本的基础上提升自身的产品定制能力，充分满足客户的个性化需求。人机协作兼具人的灵活性强和机器的可重复劳动两方面优势，既能利用人的判断能力和决策能力来高效处理各项复杂的工作任务，也能利用机器来快速完成大量重复性工作。

（4）积极应用新兴技术

随着新兴技术的快速发展，工业领域将会逐渐将这些技术应用到设备维护和人员培训当中。

以 AR（Augmented Reality，增强现实）为例，具体来说，工厂中的作业人员在拧螺栓时可以借助 AR 来获取提示信息，并根据提示来判断螺栓是否拧紧，进而实现高效工作；工厂中的维修人员在确定故障位置时可以借助 AR 来获取设备实体的运行参数和虚拟数字模型的运行参数，并对双方的数据进行对比和分析，进而达到快速定位故障的目的，同时也可以根据这些数据来分析故障原因；工厂中的维修人员在维修设备时可以借助 AR 来获取虚拟模型中的设备型号和工作参数等信息，并根据这些信息来进行操作。

与此同时，数字工厂中的 AR 技术相关应用可以在综合运用 3D 几何建模、离散时间建模和可视化仿真与优化等技术手段的基础上分析工厂的静态布局和动态物流过程，并构建相应的数字化模型，同时进一步构建数字化生产系统以及数字化的工厂模型，以便实现对生产工艺运行情况的仿真。

近年来，智能制造的热度不断升高，企业需要从自身中长期发展战略出发，在全面深入了解自身的产品、工艺、设备和订单等方面特点的前提下有针对性地制订智能工厂建设计划，并在落实该计划的过程中不断提高智能工厂建设的标准性和规范性，根据各个事项的紧迫程度有序处理，充分确保智能工厂建设的稳定性。

2.2 顶层设计：思路、框架与实践步骤》

2.2.1 智能工厂的顶层设计思路

企业在建设智能工厂的过程中，应综合运用信息物理系统和大数据、云计算、信息化、自动化、网络通信等先进的技术手段构建智能工厂信息化系统，利用科学合理的规划方式集成各个设备单元及生产监控系统、制造执行系统、企业管理系统和设计研发系统等各个相关系统，充分确保工厂在设计、经营、生产和决策方面的智能化程度和水平。

智能工厂建设主要是为了提高企业在生产管控、设备运行、质量控制、能源供给和安全应急方面的数字化、网络化和智能化程度，借助一体化的调度和先进的控制装置优化生产管控，节约能源，降低污染物和温室气体的排放量，并通过安全风险分级管控和生产绩效动态评估等方式强化企业在感知、预测、协同、分析优化及IT支撑方面的能力，对企业的生产管理进行优化，提升企业的竞争力和经营管理综合效益，推动企业管理走向高效化、绿色化和安全化。

制造企业的生产流程大多具有一定的复杂性，因此在推进智能工厂建设时需要从生产控制和生产组织两个方面入手，对智能机构、智能检测、智能控制、智能操作、智能运营和智能决策6项内容进行分析处理，并根据分析处理的结果为各项内容提供与之相符的装备、技术和系统。

具体来说，智能工厂的设计思路主要如图 2-4 所示。

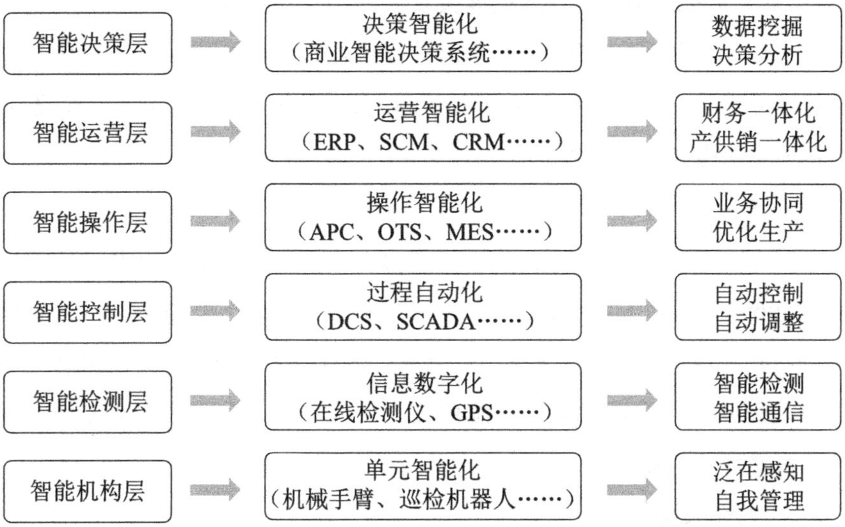

图 2-4 智能工厂的设计思路

（1）智能机构层

在智能工厂中，企业可以通过对工厂中的各个生产单元和产品生产供需的智能化改造来提高生产运行的效率、质量和自动化程度，将机械手臂、码垛机、定量装车、自动化仓储、巡检机器人和 AGV 等装备的作用发挥到极致。

（2）智能检测层

在智能工厂中，企业可以系统化设计生产资源检测系统和运行状态检测系统，并确保这些系统能够以智能化的方式进行交互，以便对泄漏、火灾、消防、视频、一卡通、电子巡更、在线检测仪和 GPS（Global Positioning System，全球定位系统）等内容进行有效检测，充分确保生产环境的安全。

（3）智能控制层

在智能工厂中，企业可以综合运用 DCS、SCADA 等系统和控制方式对生产工艺进行自动化、系统化的控制。

（4）智能操作层

在智能工厂中，制造业企业可以充分发挥先进过程控制（Advanced Process Control，APC）、操作员仿真培训系统（Operator Training System，OTS）、制造执行系统、能源管理系统（Energy Management System，EMS）、企业资

产管理系统（Enterprise Asset Management，EAM）、安全评价系统（Safety Evaluation System，SES）、质量健康安全环境管理系统等多个相关智能操作系统的作用，对生产管控的业务流程进行优化升级，为实际操作提供更加多样化的指导工具，进而增强自身对生产、质量、设备、能源和安全的管理能力，提高各项生产操作的协同性。

（5）智能运营层

在智能工厂中，智能运营层包含了企业资源计划（ERP）、供应链管理（Supply Chain Management，SCM）系统和客户关系管理（Customer Relationship Management，CRM）系统等多种智能化服务系统。企业可以利用这些系统完成科研管理、企业资源计划、工程项目管理、客户关系管理和供应商关系管理等工作。

（6）智能决策层

在智能工厂中，企业可以建立以主题为中心的工业大数据分析决策平台和企业级的专家知识库，通过对模型的研究挖掘各类模型之间的关联以及其他各项有价值的信息，并将这些信息应用到解决方案的制定当中，同时深入挖掘各项相关数据信息的潜在价值，实现有效的风险预测，制定相应的风险处理方案。

2.2.2 智能工厂信息化整体架构

智能工厂信息化就是在工厂信息基础设施互联互通的前提下通过综合运用各种管理思想和先进技术整合企业内外部信息资源的方式来支持工业生产过程中的研发、采购、生产和销售等环节进行信息交互，为企业实现精准高效决策提供助力，进而推动企业进一步提高管理效率和管理水平。

为了实现对智能工厂价值链全生命周期的有效管理，企业需要构建包含现场层、管控层、企业层、平台层和协同层5个层面的智能工厂信息化架构，并对智能工厂信息化技术进行深入分析和应用，加强各层之间的交互，同时根据各层的功能进行分工，在相关技术、标准和规范的支持下对整个智能工厂进行全面信息化管理。

具体来说，智能工厂信息化架构如图 2-5 所示。

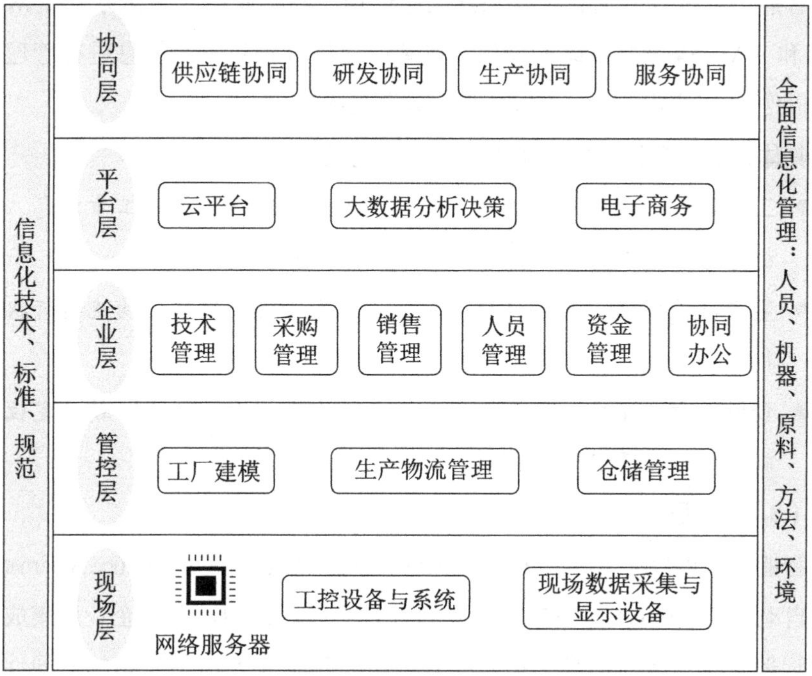

图 2-5　智能工厂信息化架构

智能工厂的全面信息化管理主要体现在以下五个方面：

- **人**：产品制造人员；
- **机**：产品制造设备；
- **料**：制造产品所需的材料；
- **法**：产品制造方法；
- **环**：产品制造环境。

（1）现场层

企业在建设智能工厂的过程中应利用网络服务器和网络通信链路等基础设施构建能够为各项现场设备提供通信服务的车间网络。

具体来说，现场层主要由包含 AGV、SCADA、传感器、数控机床、智能仪表、工业机器人、DCS 和 PLC 等内容的现场工控设备和系统以及包含移动终端、电子看板、条码扫描枪、大屏监控中心、射频识别采集器等内容的现场数据采集与显示设备构成。

（2）管控层

智能工厂可以利用管控层来连接起现场层和企业层，并充分发挥MES、PLM和WMS等信息系统的作用，以智能化的方式对车间信息进行管理和控制，以便为不同层级之间的信息交互提供支持。

具体来说，管控层主要由以下几部分构成：

- **工厂建模**：主要包括流水线信息、流转卡信息、工序工步信息、设备机台信息、工艺参数信息和工装模具信息等；
- **生产物流管理**：主要包括集货拣货、运输路线规划、物流运行状况监控等；
- **仓储管理**：主要包括货位编码、货品上架、货品出库、精确定位、流转标签、储区规划等。

（3）企业层

智能工厂可以充分发挥ERP、CRM、CAD、CAPP、OA（Office Automation，办公自动化）、CAD、CAE、CAM等软件系统的作用，并在企业层集成各项信息管理系统，提高自身对信息的管理能力和企业各部门之间的协同性，进一步优化技术管理、采购管理、销售管理、人员管理和资金管理。

- **协同办公**：借助电子文控、流转审批和工作流引擎等方式支持企业各部门进行协同办公；
- **技术管理**：对设计图纸、工艺文件和标准规范等内容进行管理；
- **采购管理**：对供应链和订货等内容进行管理并设计采购方案；
- **销售管理**：对客户和订单等内容进行管理并设计销售计划；
- **人员管理**：对人员资质、绩效考核和岗位职责等内容进行管理；
- **资金管理**：对预算、应收账单和应付账单等内容进行管理，并核算成本。

（4）平台层

平台层中融合了大数据、云计算等新一代信息技术和云平台、电子商务平台和大数据分析平台等网络平台，能够对企业进行信息化管理，提高企业管理的灵活性、同一性和集中性，帮助企业加快整体运作速度，缩短产品更新周期，快速把握市场需求，强化与用户之间的商业联系，增强创新能力和服务能力。

（5）协同层

协同层能够打破信息壁垒，为客户、供应商、经销商、外协加工商、第三方物流公司等产业链上的各方参与者进行信息交互提供支持，同时也能够有效优化产业链上各环节的资源配置，提高制造业在供应链、产品研发、生产和服务等方面的协同性，助力整个产业链进一步提高生产质量和生产效率，同时减少成本支出。

2.2.3 智能工厂建设的关键技术

新兴技术的发展为企业建设智能工厂奠定了基础，有助于开启未来智能制造新模式。与此同时，企业在建设智能工厂的过程中还需要解决许多技术难题，建设的关键技术如图 2-6 所示。

图 2-6 智能工厂建设的关键技术

（1）工程设计数字化交付

一般来说，交付可以划分为资料分别交付和数字化交付两种类型。其中，资料分别交付具有交付成果不集中、数据一致性差、维护和利用难度大等缺陷；而数字化交付集成了大量的专业数据，能够加强各项数据之间的关联，且交付信息具有较强的完整性、一致性和正确性。

为了实现数字化交付，智能工厂不仅要以智能化的方式创建工艺管道和仪表流程图，还要在此基础上构建相应的3D模型，利用先进的技术手段来确保二维数据和三维数据之间的一致性和正确性，防止出现大量冗余数据。

（2）复杂异构系统的互联互通

智能工厂中应用的信息系统主要包括数据分析系统、自动化系统、巡检定位系统、绩效考核系统、在线培训系统、实时数据库系统和在线监测系统等多种类型的系统。由于各类系统在技术、数据和模型等方面均存在差异，在实际应用过程中难以进行交互，因此企业在建设智能工厂时需要加大对异构系统集成相关技术的研究力度，以便在技术层面为各个系统的集成和交互提供支持。

（3）复杂过程动态特性优化控制策略设计

从生产的过程上来看，制造企业所使用的工艺具有一定的复杂性，而且各项工艺之间存在密切的联系，设备之间的物料耦合度和能量耦合度较高，受扰动影响大。

制造企业的整个生产过程中的各项设备、各个单元以及生产线分别具有各自的优化点、控制点和安全约束边界，但许多设备的优化点通常不同于整条生产线的优化点，因此为了找出整个生产流程的最佳优化点，企业还需加强对整个单元生产的优化控制，提高各个局部优化点之间的协调性。

（4）多层次、多尺度工厂统一进行建模

生产企业管理具有维度多和复杂度高的特点，为了充分确保应用系统的灵活性和实用性，制造企业需要构建生产管理模型、设备管理模型、质量管理模型、安全管理模型和能源管理模型等多种专业管理模型，解决工厂统一建模方面的问题。

（5）重大耗能设备能效的分析与优化

为了提高操作和控制的有效性，制造企业需要充分发挥以机理和数据建模为基础的建模方法的作用，制作设备能效监察图，根据实时计算值对各项设备的能效进行实时评估，以便实现负载优化和对设备能效的有效分析。

（6）关键生产设备故障诊断与操作优化

关键设备出现故障不仅会为企业带来经济损失，还会严重威胁生产安全。为了及时发现并处理生产设备中存在的问题，制造企业需要广泛采集和分析设备运行状态、巡检和维修记录等信息，发现其中规律，并据此实现设备故障预警，提高设备运行的安全性和高效性。

（7）区域定量风险分析及重大事故模拟

制造企业需要针对火灾、爆炸、泄漏和中毒等危险事故构建定量计算、可视化模拟和叠加风险分析等模型，并加强对这些模型的研究，同时也要将这些模型和具有事故场景、多米诺骨牌效应、安全风险容量等功能的安全信息系统综合应用到危险化学品的生产和储存工作当中，以便有效模拟各类灾难事故，实现精准的区域定量风险分析。

2.2.4　智能工厂建设的 4 个步骤

制造领域的各个行业之间以及企业之间均存在较大差异，各个企业所处的发展阶段也各不相同，因此企业在建设智能工厂的过程中需要根据实际情况确定建设目标和建设内容，提高智能工厂建设的针对性和定制化程度。

具体来说，大多数企业在建设具有一定共性和普适性的智能工厂时通常需要经过以下 4 个步骤，如图 2-7 所示。

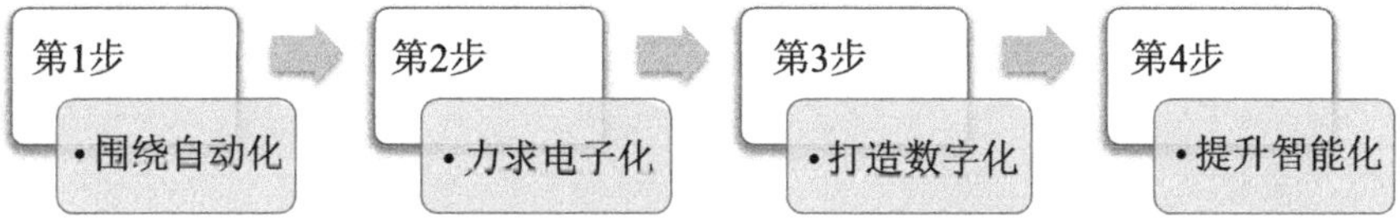

图 2-7　智能工厂建设的 4 个步骤

（1）围绕自动化

企业应围绕工艺流程对各项设备、供需、工段、车间仪表和自动化系统进行深入分析，提高机械控制等环节的自动化程度，将数据自动采集率提高至 90% 以上，同时进一步提高控制回路自控率和区域优化控制平稳率，充分确保整个生产工艺流程的自动化控制程度和优化控制程度，并在此基础上深挖装置潜能，提高产品质量，减少在物料和能源方面的成本支出。

（2）力求电子化

就目前来看，我国大部分企业仍旧在使用人工记录、开会制定方案和文本形成报告等方式进行管理，为了进一步提高流程管理和控制的透明度以及可追溯性，企业需要对整个流程进行梳理和优化，提高业务流程管理的规范性和固化程度，并在此基础上充分发挥电子化信息系统的支撑作用，以电子化的方式优化管控流程。

（3）打造数字化

企业应根据自身实际情况构建相应的数字化模型，集成各项工厂设计的静态数据和工厂运行的业务数据，综合运用MES、ERP、EAM、SCM、CRM、PLM和工厂设计等多个系统，围绕数字化模型构建业务应用及展示平台。

（4）提升智能化

企业应构建企业级知识库，采集工厂长周期运行的历史数据，深入研究计划、调度、操作和工艺等方面的各项机理，为各项业务和装置构建优化平台，并在该平台中集成决策、管控和操作等多种功能，同时确保各项功能的智能化程度。

2.3 规划布局：智能工厂的关键要素》

2.3.1 数据采集与管理

随着全球新一轮科技革命的到来和产业革命的迅猛发展，智能制造受到越来越多的企业关注，这些企业希望通过构建智能工厂完成“制造”到“智造”的转型。然而，想要快速完成这一转变并非易事，智能工厂的构建涉及不少关键技术，是一项庞杂的系统工程。接下来，我们将列出从计划到实施构建智能工厂这个过程中所涉及的重要的构成要素。

数据在构建智能工厂的过程中是尤为关键的一环，众多应用系统的连通与运行都经由数据来触达。构建智能工厂需要ERP、MES、APS、PLM等系统协同完成，所以在运行过程中便会产生与设计、生产、人员、设备、制造等相关的数据。在产品的加工制造过程中，要对设备运行数据、运行工艺数据、产品的质量与产量数据等进行实时采集，并迅速与生产工序、车间人员以及产品订单进行有效链接，达到产品生产的全过程监测与追溯。

（1）数据采集

数据采集是智能制造的重要一环。数据采集系统依据既定规则采集信息并完成初步处理，之后将它与上级系统交互，成功连接上下层数据，完成信息交互。数据采集系统在对采集到的数据作预处理后会出现一系列的衍生数据，如质量数据、接口数据、产线异常数据、实际生产数据、物流配送跟踪数据等。

数据采集贯穿工厂生产的整个过程，具有连续性，若不能保持连续则会对信息系统的判断、分析、决策和追踪造成阻碍。

（2）数据分类

与智能工厂的规划布局相关的数据大致可划分为以下4类，如图2-8所示。

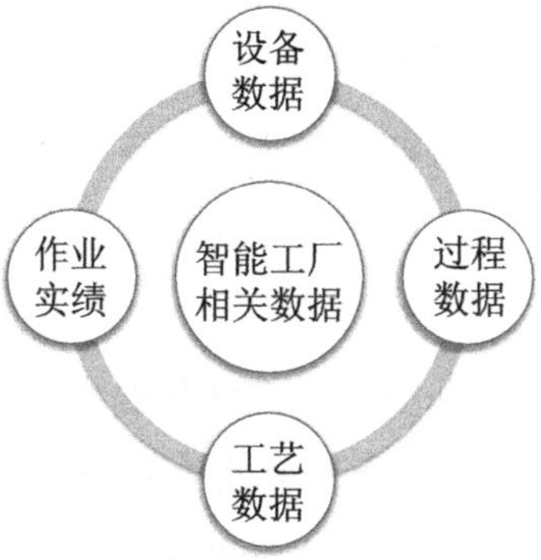

图2-8　智能工厂相关数据的类别

①设备数据：包括设备参数、设备运行数据以及设备使用状态数据，用以管理和控制设备。

②过程数据：主要是物料消耗数据等工序状态数据，可作为追踪物料的依据，也可用于把握生产节奏、控制单位能耗、降低生产成本。

③工艺数据：主要指湿度、温度、压力、电流、电压、介质流量等工艺参数，可应用于把控和追溯产品质量，优化产品生产线。

④作业实绩：与各环节班组的生产作业、追踪物料和处理物料等相关的

数据，如投入和产出实绩、异常判废实绩和当班待处理记录等。

（3）数据应用

由于采集的数据种类、具体用途有所不同，数据的处理方式也有差别。经过处理后，数据主要有以下几种不同的用途，如图2-9所示。

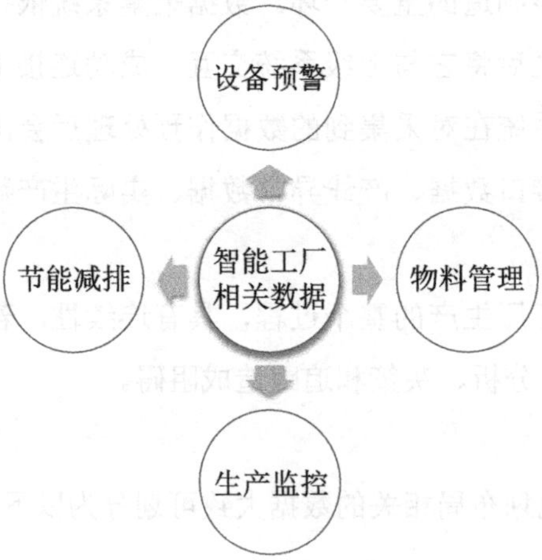

图2-9　智能工厂相关数据的主要用途

- **设备预警**。通过采集及处理与生产设备相关的运行参数等数据，能够实时对设备状态进行分析，提早发现设备可能存在的问题，保证生产流程的正常运转。
- **物料管理**。通过采集和分析生产流程中物料成分、数量等数据，能够分析物料的使用情况，并更好地指导物料的采购和管理。
- **生产监控**。采集和分析生产过程中物料变化等数据，有助于及时追踪和分析生产质量，提高生产效率。
- **节能减排**。通过采集和分析局部以及相关区域的能源介质数据，能够实时统计并分析能源使用情况，为能源分配和节能减排提供指导。

需要注意的是，构建智能工厂时应当根据相关文件制定好数据管理标准和规范，这样可以确保数据的准确性、有效性和一致性。另外，还需提前规划SCADA系统的运行以及明晰采集数据的接口规范。工厂管理者需按照对数据采集的频率来选择相应的采集方式，有些数据采集频率较高，这类数据应从控制系统中进行自动采集。

若工厂已经发展至一定规模，可设置独立的数据管理部门，制定精准的数据管理规则，明确数据管理方法，建立并实施数据管理的流程与制度，解决系统运行中可能存在的疏漏。同时，在固定周期内要适时优化数据管理的规范与标准，并对其管理流程与落实执行环节进行检查与落实。

2.3.2 智能厂房规划设计

在规划和建造智能工厂的过程中，智能厂房的设计也十分关键。在智能制造的厂房的三维设计中，不仅要有水、电、网络及通信等管线规划，也要设计好智能采光与照明系统、智能视频监控系统、智能通风与空调系统、智能火灾报警系统以及智能门禁系统等。在这些系统中，以视频监控系统为例，管理人员可以通过它来实时监测生产状态，发现屏幕中的非正常状态，并及时发出警报，进而触发相关安防等系统进行工作。

在规划智能厂房时，企业需要依照相关的工业原理和工程原理对设计、工艺、制造、检验、仓储及进出货等工序的工作分区做统筹考量，可以引入建筑信息模型（Building Information Modeling，BIM）或智能制造的仿真软件对整个厂房中的生产设备布局、物流运行以及产线设计进行模拟。在规划智能厂房时，也应考虑到降噪、设备位置灵活调动及多层厂房中物流的传送等问题。

在智能厂房的规划设计中，BIM 技术的价值尤其不容忽视。BIM 并不是单一的某种技术，而是多种技术的综合。该技术的核心价值在于其能够建立与真实的建筑工程一致的虚拟建筑工程三维模型。借助三维模型，建筑设计人员能够对建筑的整体结构与形态有更直观的判断和更深入的分析，比如设计者能够跟踪观察建筑的排水系统和管道系统。

因此，通过灵活应用 BIM 技术，设计者在分析厂房结构形态时可轻松获取结构单元信息，而后通过科学方法分析该信息，并准确且及时地找出设计中的安全隐患与潜在风险。此外，BIM 技术在智能厂房规划设计中的价值还表现在以下几个方面，如图 2-10 所示。

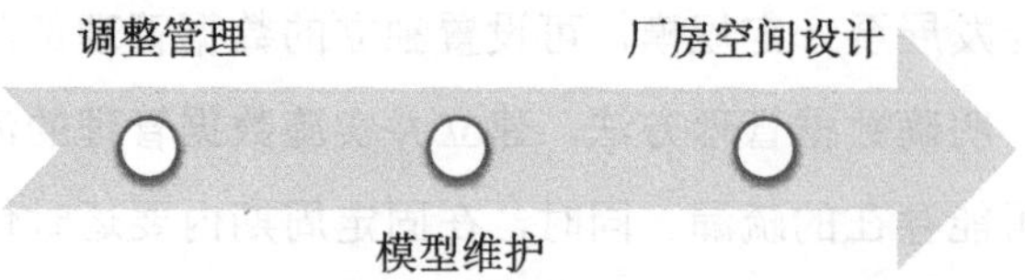

图 2-10　BIM 技术在智能厂房规划设计中的价值

（1）调整管理

BIM 技术所具有的计算机辅助设计功能能够应用于智能厂房模型的调整管理，而且为了便于智能厂房后续的管控，相关调整均能以纸质文档的形式呈现。智能厂房融合 BIM 技术后，能够真正实现设计的自动化，优化设计环节的审核及修订。在具体的应用过程中，工作人员可随数据变化灵活调整厂房模型，调整其中不合理的设计，从而提升厂房的建筑质量，并有效缩短工期。

（2）模型维护

在智能厂房的规划设计中，BIM 技术的应用不仅可以建立对应的智能厂房三维模型、根据需求对模型进行调整管理，还能够进行全生命周期的模型维护。模型维护主要是指凭借 BIM 技术获取并归纳整理工业厂房工程的所有数据信息，同时对收集到的数据进行研究，发现其中存在的问题。

依靠 BIM 技术的功能搜索模块可以更好地提高智能厂房设计效率，确保厂房设计质量。BIM 技术具有诸多显著优势，三维可视化便是其中之一，它能够让设计者可以对各结构的参数信息有最为直观的了解，如更好确认空间相对位置、更快了解各部件情况等，可以做到广角度、多层级观察，并由此调整设计方案，使其更加科学、更加规范，真正做到提质增效。从现阶段来看，BIM 技术的这一优势在智能厂房设计中的应用价值极为突出，但在这一领域的应用深度还有待进一步开拓。

（3）厂房空间设计

要保证智能厂房设计方案的科学性、合理性，就需要提前对厂房空间进行规划。在具体的实施过程中，企业需要先进行施工地选址，而后分析、研判厂房空间，对其地势、地形进行判断与计算，拟定初步方案，最终采用 BIM 技术，分析相关参数，如坡高、斜率等。在这个过程中，有时会涉及斜坡的走向分析等问题，企业就可以引入 GIS（Geographic Information System,

地理信息系统）软件来采集施工参数，建立模型，用以厂房工程施工的模拟，为之后的设计方案奠定基础。

当厂房地形勘察工作结束后，则要重点关注施工主体，对其进行规划设计。这一环节仍需运用 BIM 技术，通过其三维可视化模型来展示厂房主体的内外空间结构，进而帮助设计人员对主体空间及周围设施等进行合理规划，保证厂房施工的资源配置最优化。

2.3.3　智能装备与产线

在化工、制药、烟草、汽车组装、钢铁、芯片制造及精密零部件加工等领域，企业对自动化生产的依赖性尤为强烈，部分国际巨头已经具备了自动加工、装配及监测的能力。以轴承为代表的机械标准件在生产过程中也实现了自动化生产。

自动化生产线包括刚性及柔性两种类型，后者通常是采用了缓冲设备及技术。制造企业出于提高生产效率、控制人工成本的目的，通常会引入吊挂系统、工业机器人等。比如在垄断性较强的汽车制造领域，整车混流生产逐渐成为汽车品牌商的标配，这使得企业在一条装配线中能够同时装配不同车型的汽车；再如食品饮料生产商所采用的自动化生产线，能够根据工人预设的配方，对 DCS 及 PLC 系统进行优化调整，从而对生产工艺进行精准控制，同时生产出多种食品及饮料。通常来说，汽车厂商的总装线同时包含多条组装线（包括车身、底盘等），将这些组装线进行整合，并按照系统设置的时序精准送货，能够实现混流生产。而在家电、汽车及轨道交通领域，企业对生产线及装配线的自动化需求尤为突出。当然，出于人性化及降低风险的考虑，在高危、高污染等岗位上引入智能化及自动化的工业机器人是很有必要的。

（1）智能装备的应用

企业在对智能工厂进行规划时，一定要密切注意智能装备的更新与升级。目前，机床设备正处于由数控化到智能化的转型进程中，不少企业在设备的上下料环节都使用了工业机器人。在今后的智能工厂中，将增材、减材和等材等加工设备组合起来，会最大程度地提高材料利用率，减少材料损耗。

在使用工业机器人的基础之上，企业还需要思考 SCARA 机器人与并联机器人的使用，同时通过生产线上的协作机器人来配合工人，从多个方面优化生产，缩短生产时间，提高生产效率。

（2）智能产线

智能产线作为构建智能工厂的核心要素，其规划关乎整个生产系统。对智能产线的规划应当按照同类产品、设备的产能以及客户需求周期来进行合理安排、精细规划。

下面主要介绍智能产线的五大特点：

- 智能产线可以有效做到防呆防错[1]。因为智能产线的生产和装配中有数控系统、传感器和无线射频识别等，能够对设计、工艺、生产、仓储、质量、设备绩效等数据实时采集，并经由屏幕实时呈现生产状态，由此实现防呆防错。
- 智能产线生产工序间的协同运作主要得益于 Andon 系统。
- 智能产线可以做到 SMED（Single Minute Exchange of Die，快速换模），达到工厂生产柔性自动化的目标；还可以进行各种类似产品的混线生产与装配，敏捷地调节工艺，有助于多种类、个性化、小批量的产品生产。
- 智能产线具有一定程度上的冗余，在生产过程中如若设备意外停产、出现故障，可以及时进行排产，合理安排相关设备进行生产。
- 智能产线对于人工来讲十分友好。在人工操作的工位上，智能产线可以进行智能提示，充分发挥人机协作的优势。

值得注意的是，企业在智能产线的设计和规划中要尽可能地节约空间、减少人员不必要的挪动、实现自动检测等，只有合理规划，才可最大程度地提高生产效率并确保生产质量。

2.3.4 工厂生产无纸化

纸质文档在传统制造业的生产流程中是不可或缺的一部分，比如出入库

---

[1] 防呆防错：又称愚巧法、防呆法，是一种在作业过程中采用自动作业、报警、标识、分类等手段，使作业人员不特别注意也能在失误发生之前加以防范的方法。

单据、审批流程表和统计报表等一般均采用纸质文档的形式呈现。虽然纸质文档使用已久，但其弊端也显而易见，不仅制作麻烦、交接不便，还不能直接进入系统进行检索。同时，大量使用纸张也容易使企业陷入资源浪费的窘境之中。而随着信息技术的发展和智能终端的普及，无纸化生产具备了实现的基础。工厂中的工作人员可于各个终端获取设计、工艺、操作指令、订单等众多生产数据，迅速应对排产的变化、图纸的变更、设计的变换以及工艺的更新。

无纸化生产所具有的数字化特征让生产更快更好、更绿色环保，适用于仓储、制造和物流等领域。而随着智能制造成为制造业转型的重要趋势，电子终端也成为工厂中不可或缺的要素，如 iData P1 工业平板（下文简称为“P1”）就以其精度高、速度快、稳定性强等属性被诸多企业采用。

（1）来料管理

生产物料的好坏与产品品质的高低密切相关，提高成品的合格率离不开对物料批次的严密把关和对物料品质的严格管理。此时，P1 的优势就充分地显现出来了：物料入库时，可以通过 P1 扫条码来记录相关数据，也可以通过 P1 对各批次的物料进行拍摄记录，传送至后台，便于事后责任追踪；入库操作完成后，系统将自动形成来料清单，收货与送货双方只需在 P1 端点击“确认”，整个流程就结束了，真正做到全程无纸化办理。

（2）产线管理

在产线管理方面，P1 主要有展示操作规范和呈现生产进度两个功能。就展示操作规范而言，管理者会按照生产要求，对生产工序进行实时把控、灵活调整，然后把工艺、图表等实时传输到操作人员的 P1 上进行展示，用以保证操作人员高效且准确地落实工作，这一点对于柔性工厂尤为重要；从呈现生产进度来看，操作人员通过 P1 扫条码将元器件与产品进行配套，这一环节既能够进行产品追溯，又可以自动完成计件，由此，工作人员可用 P1 查看自己的工作进度，管理者也可用 P1 查看整条产品线的工作进度，并在有需要时对生产作出合理的调整。

（3）质量检测

在质量检测环节，P1 的优势体现在高效记录数据方面。成品的质量检测环节众多，少则十余个，多则几十个，这些检测结果需要一一记录，最终形成质检报告。与传统的纸质文档记录相比，P1记录数据轻松且高效。工作人员通过扫描产品条码便能够实现检测数据的记录，扫描完成后还能自动生成质检报告，针对不符合要求的产品，用P1拍照记录，反馈给维修人员，可以及时、准确地解决产品问题。

（4）仓储管理

P1在入库登记以及记录追踪上也颇具优势。对于送到仓库进行储存的质检合格品，工作人员可以通过P1来快速登记入库。对于出入库管理、上架移位、库存盘点等，工作人员也可以通过P1来记录追踪，从而实现产品的有效管理，便于数据的统计和分析，进而达到仓储数字化管理的目的。

2.3.5 智能生产监控系统

智能生产监控系统是智慧工厂的重要组成部分，其作用主要体现为以下两方面：一是优化生产流程与提升经济效益，智能工厂的生产监控系统可以将智能设备与传感器相连，进而实时监控车间的设备、生产线和生产流程，收集和分析这些数据来提高生产效率；二是保障工厂的安全生产，通过监控系统可以对工厂环境和设备运行情况进行实时观察，以此预判和推测可能存在的风险，并采取有效的手段及时干预、消除隐患。

（1）智能生产监控系统整体方案

根据智能工厂的分布规划，智能生产监控系统的整体方案会将监控区域划为4个等级，按重要程度由高到低依次为：

①重要区域：主要包括财务处、实验室及研发中心等开发价值高的重点区域。一般情况下，这些区域的进出口处皆会安装摄像头进行日常监控，内部也会交叉安装摄像机进行监控。

②次重要区域：主要包括电梯、仓储室、装卸区、大堂以及各出入口等。对这类区域的监控是为了提高人员与货物的安全性，关注经过的可疑人员和车辆。

③普通保护区：主要包括楼梯、楼道、走廊和消防通道等公共区域。通

过监控，可以准确地把握厂内工作人员情况。

④外围监视区：主要指工厂建筑的外部。企业一般会在工厂的围墙上安装摄像头进行周界防范，若有外部探测器出现会立刻进行报警提示，便于及时处理突发情况。

（2）智能生产监控系统的规划原则

规划智能生产监控系统需要遵循以下 4 个原则，如图 2-11 所示。

图 2-11　智能生产监控系统的规划原则

①可靠性：对于视频监控系统而言，安全可靠是最重要的，要能确保系统运行的稳定性与连续性，若产生故障或信号中断，要保证数据信息的完整与准确，且可以做到高速复联。

②实用性：要根据工厂监控区域的具体情况进行合理设计，促使设备尽可能地完善，能够高效地工作。

③效益性：满足智能工厂所需的功能要求，在此基础上尽量做到精减结构、响应快速、降低成本，以方便使用者操作和管理。

④可扩充性：智能生产监控系统不仅要着眼于当前的技术和具体需求，还要思考未来的发展方向、预估今后的发展需求，确保此时生产的监控系统在未来几年甚至是十几年中还能够被使用，并能在此基础上进行更新与迭代升级，提升利用率。

（3）智能生产监控系统的应用

视频监控系统的优势在于可以帮助企业加强自身管理，及时了解设备的具体运行状况和工作人员的工作情况，精准、迅速发现重要区域的问题，从而作出有效应对，增强安保，更好地规范各环节的生产和管理，其具体应用如图 2-12 所示。

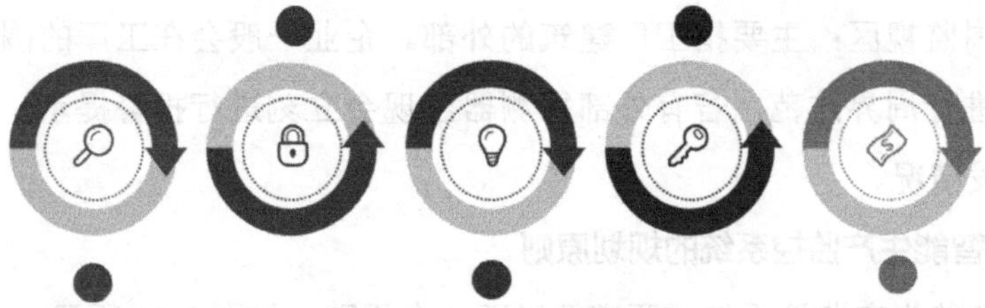
打造远程监控模式
使用录像回放模式
建立智能监管模式
实施多方位全程监控模式
配置多种报警触发规则

图 2-12　智能生产监控系统的应用

①建立智能监管模式，节约运维开支。运用视频监控系统的存储、控制、预览、管理及可视化远程运维管理等功能，可以建立智能监管模式，做到迅速排查并解决设备故障。

②打造远程监控模式，提高生产效率。这可以将有关生产环节的监控视频输送至专网，传给上级部门，采用网络通信、计算机以及视频压缩等高新技术，实施远程联网监控。这类监控对工厂的管理很有助益。

③实施多方位全程监控模式，保证企业财产安全。工厂可以在厂房的入口及出口处设置门禁，安装摄像机器和报警探测器，做到多角度、全过程监测，对于研发中心这类重点区域也可进行全天候监控，避免给企业造成不必要的经济损失。

④使用录像回放模式，管理监督生产全过程。凭借录像回放，管理人员能够随时随地知晓工厂各工位、各车间的生产情况，还可以对生产过程中突发的事件进行取证问责，若有事故产生，还可做事后归因。

⑤配置多种报警触发规则，加快企业响应速度。工厂可以依据监控点的不同配置不同的报警触发规则。当有情况发生时，监控系统将进行报警信号共同响应，并及时传输警报数据，协助工厂管理者快速知晓位置、及时解决问题。

03

第3章 信息化系统架构

3.1 ERP：企业资源计划系统

3.1.1 ERP 系统的概念与特点

ERP 全称为 Enterprise Resources Planning，企业资源计划，是一种集资金资源（财务资源管理，即财流）、物质资源（物质资源管理，即物流）和信息资源（信息资源管理，即信息流）为一体，并进行集中管理的信息管理系统，主要为制造领域提供支持。

ERP 问世于 20 世纪 90 年代，最早是美国加特纳公司（Gartner Group Inc.）提出的，用来促进制造领域在信息时代管理信息系统的转型与升级，目前作为以管理会计为核心的企业管理软件，其能够对不同部门、地区以及公司的实时信息进行整合，旨在科学规划、控制及管理企业的物料、资金、人力、设备和信息等各类资源。作为一种高效的管理方式，ERP 系统的应用目的主要是帮助企业优化资金运营、强化财务管理、优化产品库存、降低生产成本、提高生产效率、提升供应链效率，使企业更好地满足客户的需求。

随着信息技术的发展和工业 4.0 时代的到来，ERP 具有了更加丰富的内涵，兼具优秀管理思想和各种新兴技术，已成为现代企业重要的信息管理工具，不仅能够满足企业科学调配资源、最大程度创造社会财富的需要，也能够为信息时代企业的生存与发展奠定坚实基础。

（1）ERP 系统的特点

ERP 系统拥有集成性、功能性、模块化、适应性和开放性等特点（如图 3-1 所示），其中最主要的特点是集成性。

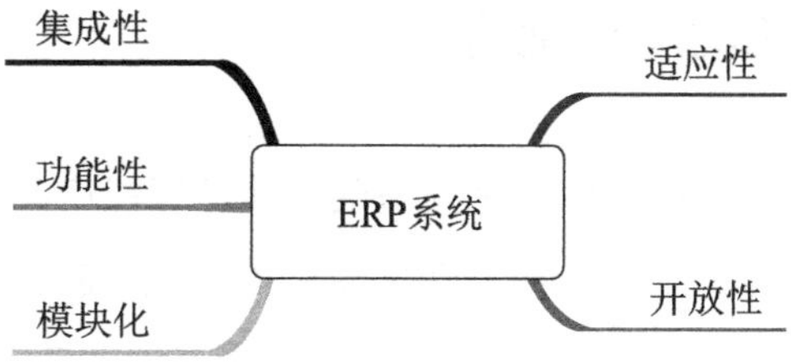

图 3-1 ERP 系统的特点

①集成性：ERP 可以密切衔接具有逻辑关联的业务，清除冗余数据，避免重复性工作，优化流程。

②功能性：ERP 具有一套完备的经营管理业务功能，各业务由差异化的功能模块构成。

③模块化：ERP 的模块形式让用户可以按照管理需求自行选择，灵活且方便。

④适应性：ERP 系统的适应性强，其方便、灵活的特点符合特定领域的需求，亦能满足用户的个性化需求以及企业业务兼并和机构重组的需求。

⑤开放性：ERP 的体系结构是受到国际标准认可的，应用不受专用系统技术和专用设备的限制，能够便捷有效地和第三方软件产品集成。

（2）ERP 与智能制造

ERP 主要用于关联数据信息、优化生产流程、减少中间开支，从而实现企业资源管理的规范化、标准化和流程化。ERP 致力于更新与升级企业价值链，转换传统企业的运营管理等模式，帮助企业进行灵活制造和柔性生产，不盲目进行生产，而是“以销定产”，使得企业的生产模式迅速适应市场，并为敏捷制造与智能设备对接的实现提供可能。此外，ERP 还将帮助企业使重点资产数字化，比如财务的数字化和研发成果的数字化等，使企业可以对外围环境变化做出快速反应。

ERP 系统打破了传统的生产管理模式，重塑了一个根据用户需求进行设计、制造与配送的互联工厂体系，实现了柔性生产和个性化定制生产。总体而言，要想进入智能制造工业 4.0 时代，企业需要做到两方面，一方面是要在规划上完成该系统的实施应用与改造，完成企业运营的数字化管理；另一方面是凭借 MES、ERP 系统集成工业机器人信息，并对数字化仓库进行智能化升级。

3.1.2 ERP系统的应用优势

智能制造以生产过程的信息化为基础，涉及智能产品、智能设备及智能化生产，还需要实现全部生产流程管理的数字化。而ERP的应用优势可以在智能制造方面得到体现，是帮助企业实现智能制造的关键工具。

（1）ERP系统的应用优势

ERP系统的应用优势主要有以下四点，如图3-2所示。

图3-2　ERP系统的应用优势

①全面的数据管理。ERP系统可以管理智能制造各生产环节产生的数据，比如物料采购、生产计划、物流配送、库存管理以及售后服务等。对数据的管理不仅便于企业及时准确了解产品库存情况、批次情况、生命周期和交付情况等，有助于企业实现内部管理的信息化与数据化；还可以帮助管理者进行科学决策，提高企业的经济效益。

②完善的库存管理。ERP系统可以实现实时仓储管理和库存管理，迅速记录产品出入库情况和库存情况。库存管理是生产过程中的关键一环，对企业的生产和销售具有重要影响，ERP系统通过管理控制物料的调配与运送、货物的进出库等能够帮助企业高效完成库存管理，提高企业的库存管理水平。

③协同的物流管理。ERP系统可以统一企业的运行机制与管理体系，还可以做到由采购至销售的订单全生命周期管理。制造企业想要达成智能制造，就得优化整合生产、物流和销售等环节，生成完备的供应链系统，在这个过程中协同物流管理尤为关键。ERP系统则可以优化物流，可以从控制物流成本、提高物流服务等方面入手切实提高企业经营效果。

④高效的生产调度。ERP 系统可以实时跟踪并监控企业的生产计划、生产进度及产品质量，帮助其统计产出率。ERP 系统不仅能够科学地管理生产调度，还可以实现生产的全流程自动化，同时能够做到协助企业灵活而迅速地调配生产资源、调整生产进度，节约成本，提升效益。

（2）ERP 系统的应用案例

①华为。在智能制造的过程中，华为十分注重整合系统管理，其作为智能制造领域的佼佼者，亦是全球知名的 ICT 解决方案供应商。华为对 ERP 系统的应用主要在库存管理、供应链管理及生产计划等方面，基于 ERP 系统协调并整合物流、设备、人力、实时数据等多个方面，切实地提高了企业的生产效率和经营效果。

②宝钢。宝钢是国家级技术中心，也是我国规模最大的钢铁制造商之一，自 2013 年起便开始向智能制造转型升级。在标准化数据模型的基础上，宝钢把几百家企业的 ERP 系统进行整合与升级，做到了 ERP 系统间的相互关联。

③阿里巴巴。阿里巴巴一直在普及与推广智能制造的道路上前行，作为电子商务领域的先行者，很早便使用了 ERP 系统，并遵循绿色、开放、智能、高效的理念，推出了一款新的云端式的 ERP 应用模式，即阿里 ERP，进而更加迅速高效地完成了企业数字化和智能化的转型升级，扩大了企业的竞争优势。

实现智能制造离不开各系统的协同配合，ERP 系统便是其中之一，并且能够发挥重要作用，它能够协助企业完成生产、库存、调度、物流等诸多方面的整合，提升企业生产的数字化、智能化、信息化水平。

3.1.3 ERP 系统的应用场景

从上文对 ERP 系统的特点以及应用优势等的分析中不难发现，ERP 系统已经成为智能制造不可或缺的组成部分。参考制造业的 IT 相关数据，我们也能够发现 ERP 系统在生产型企业的信息化管理中的巨大价值，它可以帮助企业全面达成管理一体化，解决管理中遇到的各种问题。

（1）在生产制造部门的应用

ERP系统可以做到对生产全过程进行全方位把关，不仅能够同时管理多个生产部门，能同时管理多条生产线、多个生产模式及各个生产环节，还可以统一管理与生产有关的设备、工序、工艺、工作重点等，降低资源成本，达成企业精细化管理的目标。

ERP系统支持划分MRP（Material Requirement Planning，物资需求计划）和BOM（Bill of Material，物料清单），以便核算物料清单时进行自动匹配，这有助于协同设备设施、工序工艺等，还能在质检、车间内外、订单等方面对企业进行协助。ERP系统能够切实地提高企业的生产分析能力，通过统一分析产品库存、成品销售、物料采购和成本分析等数据信息，为企业科学决策提供支持，使企业合理排产，对市场做出快速反应，从而有效控制库存量，降低生产成本，实现企业生产管理模式的精益化。

（2）在市场销售部门的应用

ERP系统是一个十分友好的辅助办公系统，它能够连接生产端与销售端，帮助企业管理人员明晰生产计划、掌握生产流程、缩减生产周期，真正把客户要求放在首位。通过利用ERP系统，销售人员能够及时告知客户准确的交货日期，在这个过程中还可以统一管理订单数额、合同签署时间和发货时间，并对这些信息进行全面的统计。此外，销售人员可以将相关数据记录到ERP系统中，以形成销售报告或销售数据分析表，便于管理者随时掌握销售情况。

ERP系统是一个可以实时把控各生产线上工作人员和每笔订单状态的实用系统。采用ERP系统的企业不仅可以全面了解订单合作情况等，还能实施互动点评，以此考核销售人员，激发其工作潜能。

（3）在库存采购部门的应用

ERP系统可以提供企业供应商计划与长期采购计划，实时监测供应商的供货状态。因此，如果企业采用该系统，就能最大限度地避免仓促采购或采购不及时的风险。ERP系统内含有采购信息的专属页面，在这里可以准确查询产品入库情况、业务进展、退换货情况等。

ERP可以统一管理多个存储仓库、供应商和部门人员，自动实时整合数据，便于高效管理仓库。这样企业可以准确了解供应商信息与订单记录，进而选择最优供应商。在与供应商的沟通环节，该系统会生成供应商具体材料，并对报价、成本控制进行监控管理，运用采购价格自动选择这一选项选定合适的价格，而后完成审批以及物料的采购。与传统采购方式相比，ERP 系统规范了采购计划、优化了采购订单并实现了收货的去人工化，极大地降低了采购成本，提高了采购效率。

（4）在财务部门和人力部门的应用

从财务部门的应用来看，ERP 系统既能够管理企业资金，保证财务数据统一；又能有效整合采购退换货、销售退换货、发货情况以及销售数量等信息，使企业在核算成本时清晰明了。在财务部门中，ERP 系统的一个重要功能是使得财务部门的所有数据都能存档，可以随取随用。

从人力部门的应用来看，ERP 系统可以统一地管理企业工作人员的绩效、工资、考勤和人事调动等情况，且可以与档案管理系统自动互连；ERP 系统在记录考勤方面十分方便，通过连接打卡机便可进行打卡、加班、请假和销假等操作，并将其与工资关联，进而提升工作效率。此外，ERP 系统还在企业招聘与员工培训中具有重要价值。

3.1.4　实施 ERP 系统的流程步骤

ERP 系统兼具信息技术与系统化的管理思想，可以为企业管理者提供有效的决策参考。通常来讲，企业实施 ERP 系统的过程具有流程性和整体性，常规流程如图 3-3 所示。

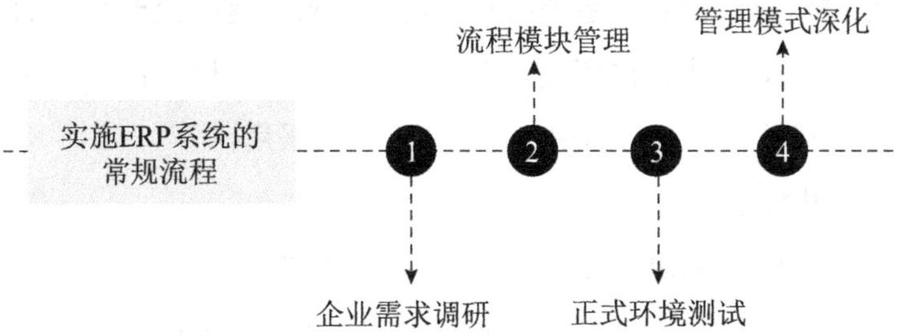

图 3-3　实施 ERP 系统的常规流程

（1）企业需求调研

ERP系统的应用以企业的需求为根本，唯有针对企业需求，并与用户深入交流，才能开发出具有独特性、满足客户需求的系统，无论是企业信息管理规划还是ERP系统的挑选皆是如此。不过，目前ERP系统的管理理念较为统一，使用ERP系统的经典业务模型操作时要与企业的实际情况相匹配，对于差别较大的模块要考虑二次开发。

在此期间，企业应当与ERP系统顾问及时交流沟通，深入探讨ERP系统的特点与企业生产管理模式的兼容性，不断调整完善，以形成一套完备的、适用性高的ERP系统应用流程。

（2）流程模块管理

完成业务需求的确认后，企业需要把不同业务流程进行分解进而模块化，指定某个基本模块并确定该模块的工作节点和责任人，进行初步的流程学习。在此期间，企业相关人员应尽可能多地发现各模块存在的问题并形成具体建议传送给开发人员，尽量协调各模块之间的要求，找到实现整体效益最大化的解决方案。

举例来讲，为缩短物资采购流程，物资模块会给出砍掉一些环节的建议，这一建议或将使财务模块的流程增加。这是由于物资采购与发货有固定的时间周期，应满足项目进度需要，但财务核算也拥有自身的固定周期，所以要慎重考虑利弊得失，尽可能达成各模块需求的平衡。

（3）正式环境测试

工作人员在经过专业培训、全面掌握操作方法之后，要做的便是根据企业现存的数据信息、依照新系统的具体格式要求，提取梳理并按批次将原数据导入，开始模拟正式工作环境。正式环境测试主要检验模块与模块间的配合与最终的数据结果，若与预期相符，则可正式采用。

（4）管理模式深化

企业在正式使用ERP系统后，通过一段时间的磨合，如果系统运行正常，将在企业管理中发挥重要价值。届时，企业就可以依据ERP系统确定适合的管理指标，进而确保ERP系统数据获取的及时性与准确性。需要注意的是，在这个流程中仍要对可以被优化或再次开发的模块进行记录整理，企业可以与 ERP 系统的开发人员及时沟通，不断优化升级 ERP 系统以更好地为企业的发展服务。

在 ERP 系统使用的整个流程中，ERP 系统的实施顾问扮演着十分重要的角色，因为企业的管理人员对 ERP 的了解有限，如果实施顾问非常专业，就可以在各环节中督促与引导企业，给予合适的意见或建议，协助企业在短时间内做出最优的选择。

3.2 MES：智能工厂制造执行系统

3.2.1 MES 的基本概念与应用优势

在科学技术不断发展以及德国“工业 4.0”和“中国制造 2025”浪潮的推动下，全球工业制造领域的自动化、网络化、数字化、智能化进程不断加快，能够代表现代工厂发展的智能工厂也应运而生。各种信息技术的融合应用，不仅能够优化产品研发、生产制造、物流运输等各个环节，有效提升生产流程的可控性，并大幅改进生产工艺；更有助于构建节能环保、环境友好型工厂。

要打造智能工厂、实现自动化和信息化管理，就需要借助智能化设备以及信息化系统。其中，MES 就是一种能够对生产过程进行实时追踪和控制的信息化系统。

（1）MES 的基本概念

MES 全称是 Manufacturing Execution System，制造执行系统，是一套汲取了众多国际、国内智能制造企业信息化建设的经验、教训及研究成果而设计的企业经营管理系统，其核心为车间的动态调度和精益生产计划的执行，指导思想是实时协同，具体涵盖人力资源管理、业务管理、供应链管理、外协管理等多种先进的企业管理理念。

MES 之所以能够达成由生产现场到经营管理的一体化，是因为它可以系统化地管理生产现场和业务经营的所有数据，并对其进行综合分析形成结果，促进经营决策落地转化为生产计划，实时呈现制造过程中的每个生产环节，找出问题，优化生产。同时，MES 也是智能工厂得以实现最为关键的一步，向上其承接 ERP 系统，向下它连接着 PLC、条形码以及采集数据和检验仪器等设备。MES 的重要之处在于它可以促进 MRP 的执行，按照规划落实生产、调度生产，并对生产的进展进行实时监测与快速反馈，相关反馈如下：

- 按照指示做什么工作、如何做、应达到何种标准，何时开工与完工、操作时使用何种工具；
- 记录 5M1E（人、机、料、法、环、测）等数据，搭建好产品全程追溯的数据链，积极反馈生产进度、及时反馈生产问题、适时请求外援、协调人机配合等；
- 进行班组的任务管理、进行派工，使得基层班组长管理的优势充分体现；
- 满足生产过程中的各类需求，例如一些配件的周转和物料、工具等的传送。

若要进一步提高生产设备效能、节约时间成本、确保每一笔订单的按时交付，MES 还要导入生产排程功能，对工厂的排产和调度给予辅助和支持，由此提高生产计划的精确度。

（2）MES 的应用对象

MES 主要服务的是企业中的战略管理层及中级管理层，战略层关心完成率、变化趋势这类高阶数据，中层更多关注计划进度、生产问题这些实时数据。而到了车间执行层时，关注的主要是装配物料清单、工艺数据等相对静态的数据。

MES 是工业互联网的核心，也是实现智能制造的关键，它可以为有智能化建设需求的制造企业提供帮助。总的来说，MES 主要适合以下几类企业：

- 国内规模较大的制造企业、外资或合资制造企业以及民营制造企业；
- 小批量、多种类、按订单生产的企业，例如工装模具制造企业和接单代工企业；
- 根据市场趋势进行生产的传统行业，如电子产品的装配生产和机械设备制造；

- 产品烦琐、变化多、生产遭遇瓶颈的企业；
- 针对客户提供个性化服务的制造企业。

（3）MES在智能工厂中的应用优势

具体来说，MES在智能工厂中的应用优势主要体现在以下3个方面：

- MES能够自动下发工厂订单到生产车间并进行排产，从而高效安排物料检测、出厂检验、零部件转运、产成品转运以及发货等相关工作；
- MES能够对生产过程中的数据进行实时采集与存储，由此确保生产过程中的数据信息准确、可靠、有效；
- MES能够根据生产的需要将上述采集到的信息进行深入挖掘和分析，从而为工厂管理层制定决策提供参考。

综上可以看出，MES在工厂生产管理中的应用价值不容忽视，对MES进行理论和应用层面的探索都具有重要意义。MES与智能工厂的融合，不仅能够改进产品质量、提高生产效率、节约成本支出，未来该系统还将会在工厂的精细化生产中发挥更大的作用，包括但不仅限于技术支持与管理支撑，从而进一步对智能工厂的构建与实施固基护航。

3.2.2 MES的总体架构

MES的总体架构包括三层，分别为智能互感互联层、智能制造执行系统层和ERP层，如图3-4所示。

（1）智能互感互联层

智能互感互联层中有三层物理结构：工业控制层、设备执行层和通信层。

设备执行层中的智能机床、3D打印、工业机器人及传感器等会经过通信层的无线网、工业以太网、RFID等进行连接，对生产制造过程中的各种数据进行收集，然后依据某通信协议来完成数据交换与设备通信，再由工业控制层的DCS、PLC、生产监控系统及数据采集系统等来对管理设备进行控制，经由以上过程完成智能制造生产资源间的互感互联，高度集成生产资源，对生产过程中的多源制造数据进行实时收集、精准采集。

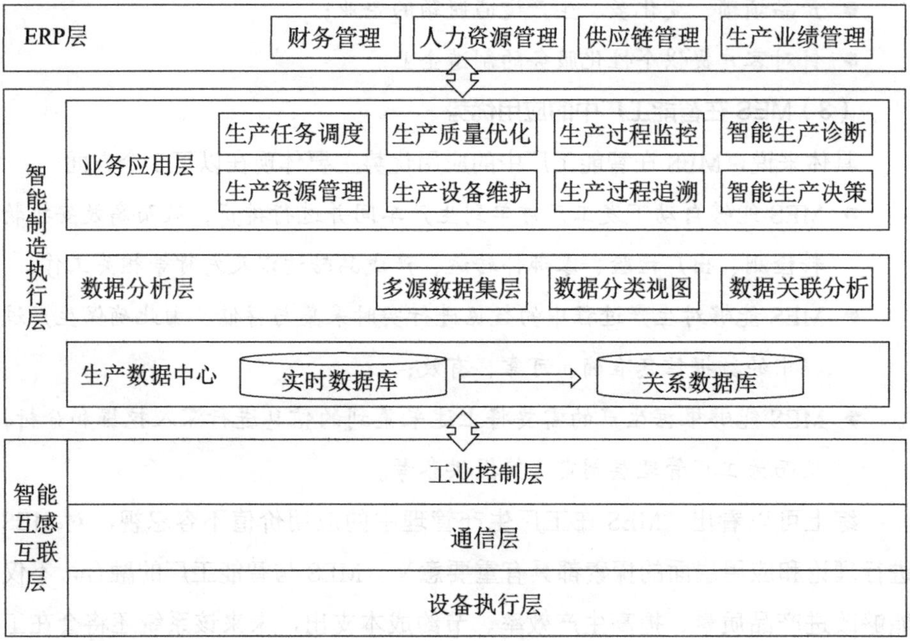

图 3-4　MES 的总体架构

（2）智能制造执行层

智能制造执行层主要采集与集成智能互感互联层的多源制造数据，并将其存储于实时和关系数据库里。采用大数据挖掘等方式可以在分析层对数据进行分析处理，由于部分数据可能不够完善、可靠性低，因此应当对采集的数据进行预处理以提升其可用性与可信度。针对结构化数据和非结构化数据，需要建立统一数据模型，生成多维分类视图，进而运用关联模型来深入分析，找出数据之间的关联与规律，然后为管理者解决生产中产生的问题提供科学的决策辅助。

数据仓库对于业务应用层至关重要，它可以提供有效数据信息并给予实时预警，还会通过优化仿真和反馈控制等进行生产任务调度、生产资源管理、生产设备维护、生产过程监控和智能生产诊断等方面的管理业务。

（3）ERP 层

ERP 层涉及企业全部制造资源的规划管理及人力资源管理。ERP 层可以按照客户订单规划排产，之后把生成的计划传送至生产工厂的 MES 中，按照计划对供应链进行管理，负责物料的采购和产品的销售。MES 会集成采集数据呈现生产情况，ERP层则会通过MES的各类反馈（如物料消耗情况、订单完成情况、生产业绩报表、商品质量检测报表等）进一步灵活地调整与安排生产资源，减少生产成本，提升经济效益。

3.2.3 MES的模块功能

MES能够将企业ERP系统与生产车间的设备和人员相连接，充分发挥中央平台的作用，从而统筹协调和全面管理各环节的数据与生产过程。具体来看，MES的模块功能主要如图3-5所示。

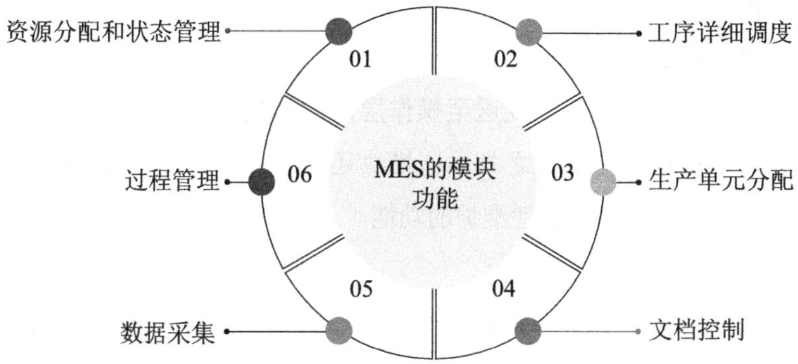

图3-5 MES的模块功能

（1）资源分配和状态管理

该模块主要用于对人员、工具、设备、物料和工艺文件等生产实体的管理，确保生产得以顺利进行。这一模块会反映出资源使用的历史情况，用以保障设备准确安装与高效运转。同时，它还可以即时反馈资源的状态信息，并按照生产计划来预定和调度相关资源并进行管理。

（2）工序详细调度

这一模块主要在编产作业计划里为企业提供，并指定生产单元的属性、特征、优先级和处方的作业排序，以期通过最优的排序尽可能地节约时间成本。要完成此调度，需充分考虑有限能力的调度以及生产过程中的重叠、并行与交错等来精准推算设备上料、下料及调整的时间。

（3）生产单元分配

该模块主要通过订单、批量、作业单和成批等形式对生产单元之间的工作流进行管理。一旦生产出现问题，该模块便会给予恰当的调度信息，同时会根据实际情况开展实时操作。这一模块可以依据生产计划对具体安排作灵活调整，并及时处理不合格产品，通过缓冲管理来对任意环节的在制品进行管理。

（4）文档控制

该模块用来对与生产单元相关的文档进行传输、控制和管理，如工程图纸、工作指令、标准工艺规程、批量加工记录、零件数控加工程序和各转换操作间的通信记录等，并支持对信息进行编辑。

（5）数据采集

该模块主要负责把指令发送至操作层，为其提供操作数据信息或为设备控制层供给生产配方。除此之外，该模块还具有存储历史数据和对环境数据等重要数据进行控制与完整性维护的功能。

（6）过程管理

该模块凭借数据采集接口采集和更新与生产管理相关的各类数据和产品跟踪等参数。以上这类数据能自动获取，也可在生产车间手动输入，采集数据所间隔的时间不尽相同。

这一模块用以监控生产过程、在过程中进行纠误，同时为客户的科学决策提供信息支持以期提高生产效率。这种管理有时是面向底层的操作，需要密切关注一些被控制和监视的机器，持续追踪生产流程中的各种操作。该模块凭借数据采集接口，能够在 MES 与智能设备之间交换数据。此外，它还有报警功能，便于提醒操作人员及时发现出现失误的工序。

3.2.4 MES 的应用场景

MES 应用于工厂生产管理中，能够有效提升产品生产、质量检测、指令执行等环节的自动化、智能化程度，节约生产管理所需的人力成本。具体来看，MES 在生产管理中的主要应用场景如图 3-6 所示。

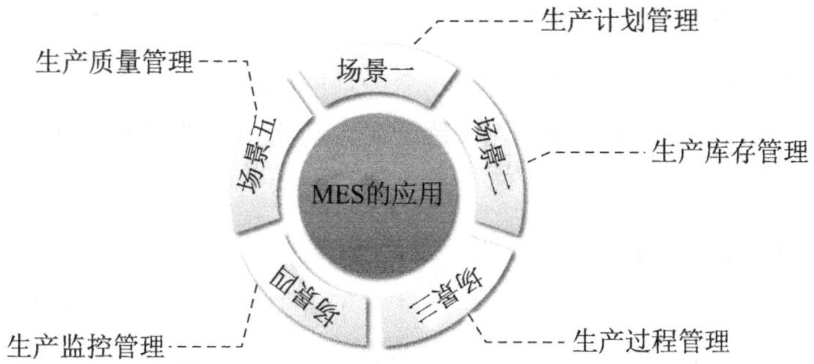

图 3-6 MES 在生产管理中的主要应用场景

（1）生产计划管理

生产计划管理是指生产过程中从原材料设备、资金、人力等的输入开始，经过生产转换系统，直到产品输出为止的一系列管理工作，这一系列工作是否有效运转关乎工厂生产效率以及产能的高低。由此，我们可以更加清楚地认识到这一部分工作中每一步骤的准确性以及运转过程中的效率都是至关重要的。只有准确高效，才能确保生产计划按照预先的排产顺利完成，否则工期将会延长，产品质量也会受到影响。

一般情况下，工厂收到产品订单之后，MES 开始运行。从储备物料这一环节开始一直到相关产品的库存及订单交付时间等情况，MES 会关注到这一流程中的每一个环节，对其进行合理规划、统筹考量，并实时反馈生产进度，储存已完成订单的相关数据，以便管理人员对生产情况有全面透彻的掌握。MES 的生产任务管理工作过程无须任何人员参与，从接收订单到最后产品出库完成交付，这“一条龙”的工作流程提高了生产效率、确保了订单数据的准确性及订单更新的及时性。

（2）生产库存管理

库存管理是对工厂在生产、订购、市场销售及储存流程中的所有产品进行监督，包含管理原材料、零部件以及成品等。有效运用库存管理可以促进工厂的生产井然有序，实现高效运转。MES 可以提供大量有效数据来观察物料及成品库存，工厂管理人员可以随时查询或检索某种物料投入生产的历史记录，基于此来清点库存、完成调货能够避免供应链故障并及时补货，保证生产流程顺利运行，确保产品质量合格。

比如，MES 会对零部件相关情况进行记录，若其记录某零部件是进口物料且补货周期长，则该系统会依据此零部件的历史使用情况设置库存物料警戒线，当库存量低于警戒线时，该系统会自动给工厂的采购系统发送指令进行及时补货。

（3）生产过程管理

生产过程管理对于减少能源损耗具有不可忽视的作用，也是生产控制的关键一环。MES 可以有效地避免生产过程中时间的浪费，它通过监测生产过程来对生产任务进行精确拆分，按照生产中可能遇到的具体情况对生产工序进行合理安排，尽可能地节约时间成本，避免造成产品过剩的情况，由此实现生产过程中人力与设备均衡运转，以此优化产能、提高生产效率。

（4）生产监控管理

生产监控管理包含对人、料、法、机等相关要素的监管，以此来保障产品合格、效率达标。MES 对相关生产要素及对生产过程的监控，既能随时监测设备运行及设备本身情况是否良好，还能对监测情况进行实时反馈，一旦发现设备或者产品质量不符合常态便会启动报警功能，并对其进行修复，而后立刻呈现最终结果，时刻严密监守整个生产流程。在这一工作过程中，分布式数字控制技术发挥着不容小觑的作用，它通过对各环节数据的搜集，时刻关注设备运行，使设备得到充分利用。

（5）生产质量管理

生产质量管理要求对生产工序进行严格把关、对产品全生命周期进行全面把控。MES 有质量管理功能，能够实现质量检验过程的环环相扣，最终达成对产品整个生命周期进行质量管理的目标。

比如，出厂产品都有编码，从这个编码中可以溯源其生产中的各工序以及相关数据，这样便可以全面地了解该产品生产合格与否，并以此不断提升产品的合格率。反之，产品合格率的高低也可以作为设备运行情况的有效反馈，从而适时对设备进行保养与维护，以此实现“严守产品质量关”的目标，有效防止次品流出。

时至今日，MES 依托对工厂数据及信息资源的协同、高效管理，对资源进行整合与共享，为工厂管理决策者以及经济建设提供数据等方面的支持。

互联网的飞速发展推动大数据浪潮的到来，数字化技术、智能化技术的进一步应用，使得MES能够助力工厂生产与工艺优化，最终在集成管理下将各类设备纳入统一系统中实施设备间的交流与控制，有效连接生产控制系统与管理软件，从而追溯从生产计划到产品输出的全部流程。

3.2.5 基于MES的智能工厂建设

构建智能工厂，需要以MES为基础，同时PDM（Product Data Management，产品数据管理系统）、ERP等系统也是必不可少的，只有这样才能够将从生产计划到产品输出的全过程纳入数字化控制，加强生产管理的集成化与透明化，实现工厂生产运转的自动化与智能化。运用现代通信技术、智能化技术及数字化技术等，可以打造柔性制造生产线、更加科学合理地配置资源，并在此基础上建造智能工厂。

构建智能工厂可以从以下几个方面展开：

- 应用MES实施生产、调度、生产计划等的全过程管理及闭环控制；
- 采用ERP系统对企业的经营管理（供应链、成本及物流等）进行优化；
- 运用PDM系统对产品数据进行集成管理；
- 采用三维建模与数字化设计制造技术对工艺设计等进行模拟与呈现，而后对其进行相关测试来进一步更新与升级；
- 搭建生产流程中的相互连接关系，使得从生产设计到产品制造等一系列步骤实现相互联通，并使之与MES及ERP系统高效配合，从而生成产品整个生产过程中所有信息的集中呈现；
- 搭建技术防护体系、建立信息安全管理制度以及安全保护系统，发挥应急响应、网络防护的作用，利用全生命周期方法保证系统的有效运行。

在依托MES的智能工厂中，信息技术和智能设备得以有效配合，数据流、资金流及信息流等实现互联互通，而整个生产流程也能够高效协同运作。将以上流程中的各部分进一步升级，将有助于促进整个生产流程中各环节的提升与优化，比如使得产品的工艺流程更加精细与省时，产品的质量更具保证、更好把控，物流方面更加协同智能等。

当前我国综合国力再上新台阶，传统产业亟须向数字化、智能化转型，实现实体经济与数字经济的深度融合，智能工厂是未来工业发展的重要方向。因此，在将 MES 作为基础的前提下，我们要抓住数字经济与数字技术的红利，充分利用其他先进的生产控制技术，不断提高智能制造的技术水平，加快推动传统制造业转型升级和智能工厂的应用与实践。

3.3 PLM：产品生命周期管理系统

3.3.1 PLM 系统的基本介绍

产品生命周期管理系统即 PLM（Product Lifecycle Management）系统，是一种具有信息集成和产品生命周期管控功能的综合性软件系统，能够集成企业内外部信息资源并对产品的整个生命周期进行有效管理和控制。

当企业开展产品设计、产品开发、产品制造、产品销售和产品服务等工作时，PLM 系统能够促进各项工作进行信息共享和交互，并提高各项工作之间的协同性，助力企业实现高质量、低成本、高效的产品生产制造，进而增强企业的竞争力。

（1）PLM 系统的功能模块

一般来说，PLM 系统主要由以下几部分构成，如图 3-7 所示。

- **产品数据管理**：可以管理图纸、3D 模型、工艺路线和零部件清单等产品相关数据；
- **项目管理**：可以对产品开发进度、产品开发资源和产品开发任务等进行有效管理；
- **质量管理**：可以对检验、测试、审批等产品质量的控制相关工作进行管理；

- **制造执行系统：** 可以对计划排程、生产调度、物料跟踪等各项产品制造工作进行管理；
- **供应链管理：** 可以对采购、库存、物流等各个产品供应链环节进行管理。

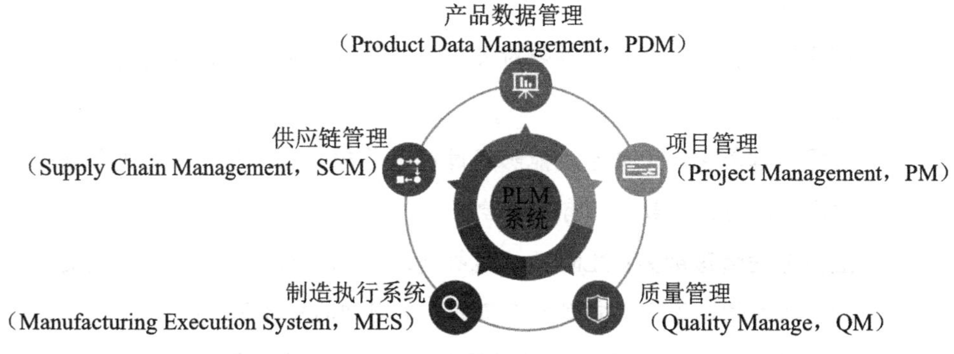

图 3-7　PLM 系统的功能模块

（2）PLM 系统的主要特点

PLM 系统的特点主要体现在以下几个方面，如图 3-8 所示。

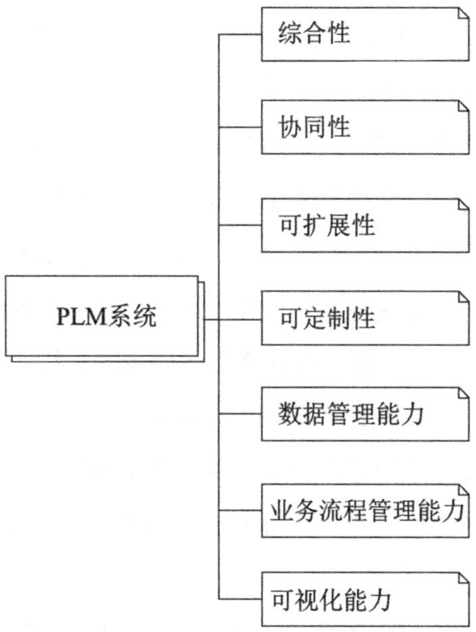

图 3-8　PLM 系统的主要特点

- **综合性：** PLM 系统覆盖了产品设计、产品开发、产品制造、产品销售和产品服务等产品生命周期的所有阶段；

- **协同性：** PLM系统支持企业中的各个部门实时交流和共享企业内外部信息并互相协作；
- **可扩展性：** PLM系统能够针对各个行业中的企业的实际需求和特点进行扩展；
- **可定制性：** PLM系统能够针对各个企业的特点和实际需求进行个性化定制；
- **数据管理能力：** PLM系统能够通过版本管理、权限管理、变更管理等方式实现对产品数据的有效管控；
- **业务流程管理能力：** PLM系统能够通过需求分析、设计评审、变更管理、版本控制等方式实现对产品全生命周期的有效管理；
- **可视化能力：** PLM系统能够利用图纸、3D模型和零部件清单等工具实现对产品的可视化管理，为企业掌握产品实际情况提供支持。

（3）PLM系统的应用领域

PLM系统在产品全生命周期管理和控制方面发挥着十分重要的作用，能够帮助企业提高产品的质量、上市速度和市场竞争力，减少成本支出。现阶段，PLM系统已经被广泛应用到机械、家电、汽车等多个行业当中。

①机械行业。就目前来看，机械行业在产品开发和产品工艺方面已经发展成熟，产品已经具备系列化的特点。但在激烈的市场竞争下，机械行业的企业仍旧需要进一步压缩产品开发和制造周期，因此设计过程管理软件在机械行业中的应用变得越来越重要。与此同时，机械行业还存在产品报表复杂度高、技术报表成本高等问题，因此需要借助PLM来对产品设计过程和产品数据进行管理，同时也提高报表决策的灵活性。

②家电行业。家电行业通常借助二维CAD图纸的参数表和三维CAD模型的参数等以系列化的方式进行产品设计，因此大多产品（如钣金件）都具有系列化程度高的特点。

家电行业的产品生产具有批量大的特点，因此家电行业的企业在使用PLM对产品生产周期的各个环节进行管理和控制时需要加大对产品系列化图档和文档管理、单一产品主模型管理、设计过程管理等各项相关功能的重视程度，严格划分设计过程的试制、中试和批量等环节，强化对产品设计变更的控制。

③汽车行业。近年来，汽车行业快速发展，信息化建设工作日渐成熟，同时也促进了各个相关行业快速发展。具体来说，汽车行业的企业可分为汽车整车和零配件型企业，而整车又包括商用车、乘用车、装载车和特种车等多种类型。

汽车行业具有产品系列化程度高、客户订单差异大、总成供应情况明显等特点，因此汽车行业需要利用以订单为中心的快速变型设计工具来根据实际需求调整产品设计，并充分发挥产品配置工具、产品报价工具、ERP 物料管理模块集成等的作用，为实现有效的产品全生命周期管理和控制提供支持。由此可见，汽车行业所使用的 PLM 需要具备较为强大的产品参数化配置功能、过程监控功能和历史数据管理功能。

3.3.2 研发项目管理存在的问题

20 世纪，以规模化、流水产线为特征的生产模式促使制造业进入了新的繁荣阶段，但随着数字技术和经济全球化、一体化发展，传统制造业中以加工为中心的运行模式逐渐难以满足生产需求、市场需求，产品结构的单一性、管理方式的落后性（如缺乏有效的决策指导工具）等因素都阻碍了制造业的转型与创新。

以离散型的煤机制造行业为例，该行业存在订单来源不稳定、生产过程变化大、交货周期短、订单交付准时率不高等问题。为了提高产商对市场的响应速度和能动反应能力，企业需要在产品研发、制造、销售和售后服务等环节引入数字化技术支持，同时还有必要构建覆盖全业务流程的研发项目管理平台。

项目管理一般是指基于业务目标，在约束条件范围内利用有限资源（包括既有技术、工具或知识经验等）推进项目进展。研发项目的管理通常面临较多的不确定性因素，例如用户需求难以预测、项目整体进度延迟、对项目风险预估不到位等，这些都影响了研发项目的实际落实情况和项目管理执行效率。

下面我们对研发项目管理中存在的几类主要问题进行介绍，如图3-9所示。

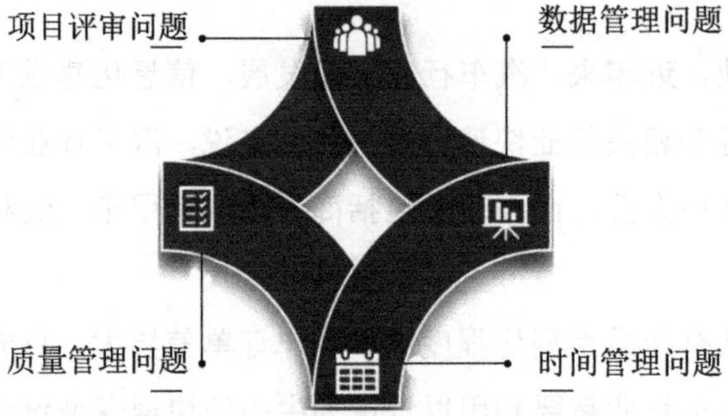

图3-9　研发项目管理存在的主要问题

（1）项目评审问题

项目评审是在项目正式立项前必须完成的工作，主要涉及对项目需求、业务预算、业务盈亏状态和技术实现可行性的分析评估。这一过程需要关注：该项目是否具有盈利潜力，市场定位是否合理，能否找到新的盈利点，项目产品是否具有竞争性；同时，要评估项目实现难度如何，是否有技术基础，可能面临哪些技术难题，项目节点是否容易分解控制等。

（2）数据管理问题

在项目研发过程中，需要进行结构化的流程管理，其中的数据管理问题可能涉及以下方面：如何保持数据时效性和准确性，如何实现异构数据的共享与传递，如何实现数据的有序存储和重复利用等。除数据本身外，对数据的管理还关系到以下问题：实际产品达成情况是否与研发项目计划匹配，生产信息是否与设计图纸中的信息一致，设计过程中作出的临时变更是否有清晰记录，流程控制与项目归档数据是否得到妥善管理等。

（3）时间管理问题

这一问题主要涉及对项目落实情况的管控，监督其是否能够按照计划节点推进，具体是通过量化数据的方式来实现的。项目实施过程中产生的数据变化可以体现在图表中，管理人员可以据此直观地了解到项目进展情况，从而进行有效监督，及时处理可能存在的产品交付、计划调整等问题。同时，项目运行有关的各种统计分析报表可以为后期项目管理、综合考核活动提供支撑。

（4）质量管理问题

在质量管理方面，利用虚拟样机技术、虚拟制造技术、统一数据模型技术等可以实现对项目或产品的研发情况的高仿真动态模拟，从而推进质量管理的数字化。在虚拟系统或模型中，可以对产品进行模拟分析，并结合相关参数进行干涉检验，以降低实物样机的设计差错率，减少产品研发时间，减少重复劳动，从而降低研发成本，保证项目质量和产品质量。

3.3.3 PLM 研发平台的构建因素

ERP、SCM 和 CRM 等信息系统主要针对单一业务层面，难以实现不同业务信息的连通，不利于企业知识财富的积累。产品生命周期管理系统则是一款统一化、规范化、交互性较强的数字综合研发平台，它集成了 ERP、SCM、CRM 等系统功能，可以实现从产品设计、生产再到销售、运维等流程的全数字化，并根据数据分析结果为企业提供有效的问题解决方案，提升企业的综合管理水平和研发生产能力。

PLM 研发平台的构建因素包括业务流程、组织方式和数据模式等，如图 3-10 所示。

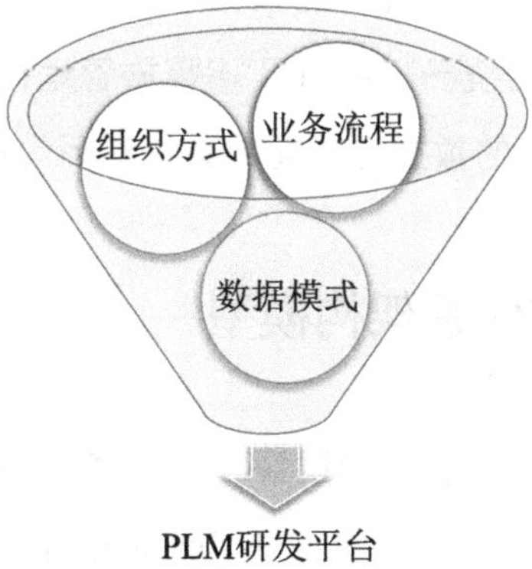

图 3-10 PLM 研发平台的构建因素

（1）业务流程

从煤机制造等离散型行业来看，由于产品结构复杂，构成产品所需的零部件较多，而且存在各种外协件、自制件，因此对设计、制造流程的部署有较大的灵活性，某一环节或要素的变更都可能影响或制约研发项目管理。而以PLM系统为依托的业务流程管理可以解决传统管理模式中管理低效、随意性大等问题，提升各步骤、各要素的协同能力，进一步规范设计、工艺、审查或评审等流程，促进变更需求高效实现，使产品数据BOM管理更为科学化，为分析决策提供准确的数据。

（2）组织方式

这里仍然以煤机制造为例，该行业使用了典型的客户驱动型的订单生产模式，产品研发需要以客户需求为准，研发周期一般较长，人工干预对研发项目管理的作用有限。因此，需要根据不同阶段需求对项目进行分解，尤其是对数字系统中虚拟团队结构、虚拟研发架构的流程进行明确界定并落实到具体责任人，从而促进相关人力资源、数字化资源的充分应用。

（3）数据模式

PLM系统还有一个重要功能就是产品数据管理，通过数据整合、数据分析、数据存储等，满足各种应用的数据需求，为研发项目的统一管理提供支撑。仍以煤机制造业等离散型行业举例，企业或不同行为主体之间基于工作侧重点的差异，其数据管理方式也千差万别，由此产生的异构数据可能会阻碍一体化管理平台的构建。因此，基于PLM系统的研发项目管理平台需要从源数据模型的底层结构入手，制定统一的数据规范，从而促进对系统的融合管理和生产数据与设计数据的统一。同时，该数据管理模式能够更好地解决因工艺性修改或材料变动带来的数据不匹配或数据滞后等问题。

3.3.4 PLM系统的体系架构模型

PLM系统可以为流程优化、知识管理、数字化管理等活动提供有力保障。系统的构建是通过特定建模语言和Web Services等相关技术实现的，其体系架构模型主要涵盖基础数据层、管理规划层、技术应用层和用户服务层4个层级，如图3-11所示。

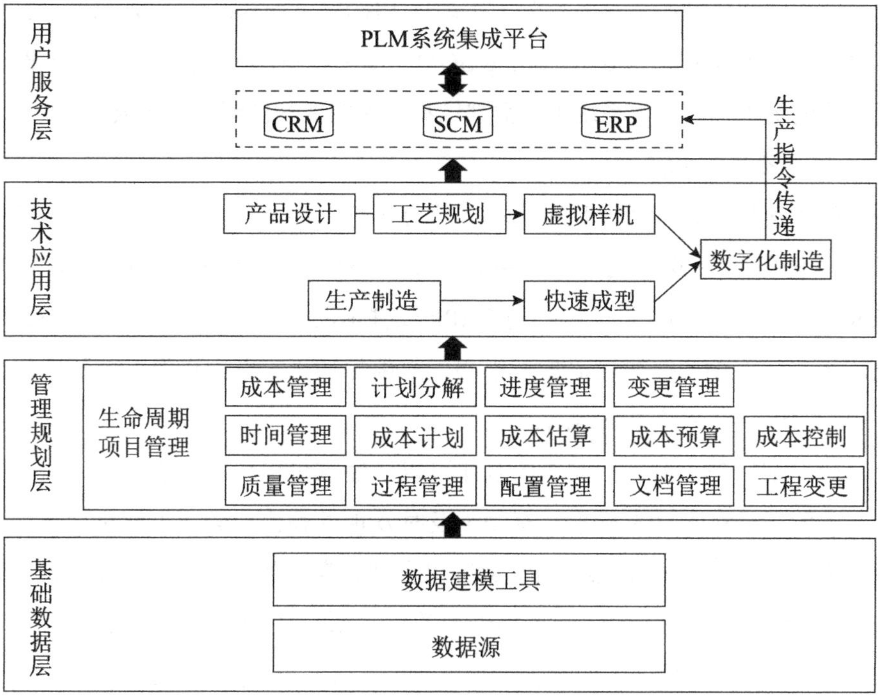

图 3-11　PLM 系统的体系架构模型

（1）基础数据层

基础数据层主要为模型提供了底层数据支持，其中包括文献性数据、Web 数据、CAD 文档等工程数据、产品结构、零部件信息或其他功能的数据库信息。

根据这些数据的特性，可以采用 UML（Unified Modeling Language，统一建模语言）作为建模语言，并利用 Rational Rose 等图像建模工具完成转换，再以 Express 描述语句的形式表达出来，而 XML（Extensible Markup Language，可扩展标记语言）可以辅助实现中间文件的格式转换，不仅能够满足多样化的用户需求，还可以促进异构数据的快速解析和共享。

（2）管理规划层

管理规划层针对一般项目管理所涉及的三大领域（分别为成本管理、时间管理及质量管理）对研发项目进行整体规划。

成本管理主要关注项目资源的可用性、有效性，是把控项目风向的基础；时间管理主要是指对项目生命周期内的相关事务及产生的活动数据进行跟踪记录，可以为计划调整提供重要参考；质量管理则要求通过协调、优化研发项目流程，通过产品信息的实时同步确保EBOM（Engineering BOM，设计物料清单）与MBOM（Manufacturing BOM，制造物料清单）的一致性，同时，在工程变更管理方面，系统中的数据结构信息需要与图纸信息一致。

（3）技术应用层

技术应用层作为研发项目的具体执行层，覆盖了多个工序，其中包括：对整体任务的分解及规划；利用CAD、CAM等工具进行产品设计，利用PDM系统进行零部件设计；利用CAPP软件辅助进行工艺规划和工艺路线编制，所编制的工艺路线涵盖加工中心、零部件加工、车间班组、装配中需要使用的工序、定额等数据信息。

研发部门与工艺部门的协同合作可以快速推进虚拟样机生成，而对各要素、各阶段的精准动态模拟，有助于及时发现并解决问题。生产执行部门可以运用高级计划和排程系统APS编制出合理、高效的生产计划，制造执行系统MES可以实时采集并记录各类生产数据；APS与MES的融合运用，可以实现对生产情况、生产进度的实时监控，并驱动生产目标快速推进。可以说，PLM系统的集成技术不仅促进了研发、工艺、制造等各部门紧密合作，还促进了生产工艺的数字化转型。

（4）用户服务层

用户服务层是对以上层级的进一步整合，实现了PLM系统与ERP、SCM、CRM等系统的有效整合。

利用ERP系统，可以实现对企业内部资源的充分利用，PLM数据与ERP数据的共享与交互，可以辅助进行信息流、资金流和物流方面的有效管理；利用SCM系统，可以实现对库存信息、物料利用的科学管理，提高企业与供应商群体的对接效率，提升对客户需求的响应速度，有效降低采购成本；利用CRM系统，可以对用户需求进行深入分析、挖掘，有针对性地开拓用户市场，在概念化设计的框架上完善设计细节。

3.3.5 PLM研发平台的实现路径

基于PLM系统的研发项目管理平台为企业带来的效益可以分为直接效益

和间接效益两种，以下将以PLM系统在业务数据和流程方面的管理功能为切入点，从进度管理的维度介绍平台所创造直接效益的整体情况。

PLM系统的数据管理大致可以分为对产品库和存储库两方面数据的管理，具体的数据对象包括规范文档、CAD文档、零部件数据、基线和升级请求数据等。通常，产品库中存储了具体研发项目产品的相关数据，存储库则存储了可供产品设计选用的数据，这些数据可以通过Partslink分类检索、模糊搜索等方式实现共享。在PLM系统中集成应用软件Projectlink或Windchill可以辅助进行对产品或项目整个生命周期的有效管理，从而实现任务分发与反馈、项目计划与交付等方面的统一。

PLM系统的数据管理可以以可视化的方式呈现出项目进展情况，并对所设定的关键节点数据进行量化，从而辅助管理人员对项目进行跟踪管理，根据时间表准确把控项目的整体完成情况。PLM系统可以自动将任务或工作指令发送到项目成员处，给予其相应提醒，也可以辅助管理人员进行项目任务的分发与反馈。研发管理员可以在系统中创建设计项目计划，并根据研发项目小组的人员情况将子项目计划分发到项目成员个人；子项目的执行者或负责人需要在系统中及时更新、同步各自的项目进展情况和任务完成率。设计项目完成后，其设计图纸需要通过相关部门、上级的审核，审核通过的最终设计图纸则通过对应的打印基线进行传递与分发。

PLM系统研发项目管理平台的应用性能不仅仅在于以上所述内容，其效益也不仅涉及可见的、有形的直接效益，还在于提升客户认可度、企业竞争力等间接效益。该平台的应用有利于企业产品设计流程的规范化、数字化与高效化，并促进企业的研发生产模块化工作的顺利推进。

3.4 WMS：智能工厂仓储管理系统》

3.4.1 WMS的应用价值

企业仓库管理系统即WMS，全称为Warehouse Management System，是

一个既具有智能化过程导向管理，同时也兼具标准化过程管理的针对仓库管理所研发的软件。这一管理软件的研发汲取了诸多优秀企业的管理经验，可以极大地提高订单追踪的高效性与准确性，并有效提升仓库的综合管理水平。

研发仓库管理系统主要是想通过信息技术来使仓储管理的各类功能得到独立运行，如在固定地点收货及存货、订单处理、货物的配送与分拣以及存货管理等。WMS旨在优化仓库执行的效率和对仓库进行有效管理，进而延伸到货物的传输及配送相关计划、与一些上游或下游的供应商之间信息的交流与互动，进而对企业的仓库、配送站以及仓储企业的执行和生产进行优化与提升，从而节约生产成本，获得企业客户的满意评价与信赖，不断提高企业的综合实力。

（1）WMS的基本功能模块

一般来说，WMS涵盖四大功能模块：基本信息管理、上架管理、拣选管理和库存管理。

WMS的优势在于它能够在后台通过服务程序将每位客户的分散订单进行合并，同时完成订单分配。它通过PTL（Pick to Light，亮灯拣选）、RF（Radio Frequency，射频）、拣货、盘点、补货、纸箱标签上架及移库等一系列工序协同调度并下达指令，可以即时获得终端、PTL及RF反馈的数据信息。该系统软件与仓库物流管理的流程、工序高度契合，能够做到有效管理库存商品。

接下来对WMS的主要功能模块逐一进行阐述：

①基本信息管理：WMS可以自动设置产品基础信息，比如产品的名称、规格、批号、生产厂家、生产日期、有效期及箱包装等；具有的货位管理功能能够实现全部货位编码与数据存储，可以及时有效地完成商品追踪，这也为操作人员按照货位号找寻产品的物理位置提供了极大便利。

②上架管理：WMS不仅能够自动计算最优上架货位，也能够根据需要进行人工干预。它可以自动呈现存置相同货物的货位及其剩余空间，同时遵循不浪费储存空间的原则提供可上架的货位并通过订单或产品的优先级进行排序。基于以上信息呈现，操作人员若认可则会确认，否则可以直接调换货位。

③拣选管理：位置信息与最优路径是拣选管理中较为重要的两个部分，WMS能够通过货位布局来规划拣选的顺序，在RF终端的界面按照相关货位

提供指导路径，从而有效地减少路径中的商品寻找和无效穿行。

④库存管理：WMS 能够实现补货自动计算，这既可以保证拣选存货量，又可以使仓储空间得到充分利用，减少货位蜂窝化出现的频率。该系统经过对货位本身的深层信息的动态控制和逻辑判断，在实现自动补货的基础上，达成了提高控制精确度和空间利用率的双重目标。

（2）智能工厂 WMS 系统的应用价值

随着企业规模逐步扩张，工厂中的各类物料品种及数量也会逐渐增多，此时仓库管理任务便会随之加重。若沿用传统仓库管理模式，生产效率将会受到影响，甚至限制企业的发展。这种情况下，若引入 WMS 进行仓储管理与物料配送，就能够大幅提高工厂的生产效率和企业资产利用率，并有效确保企业资产安全，从而通过信息控制促进企业作业模式迭代升级，实现企业内部的高效运转。

通常情况下，一般仓库管理系统会依据收取和发放物料记录以及结存等信息来对物料进行统一管理。那么，从智能工厂的角度出发，WMS 是怎样进行工作并在智能工厂中体现其应用价值呢？

①实现料账一致。必须做到料账一致是因为需要保障生产，这就要求生产过程中所领用到的物资必须合乎要求且十分准确。要想实现料账一致，一定要把握好物料的质量与数量这两点，WMS 的信息化功能十分强大，操作人员可以随时检查、核对账料，从而掌握关键信息，进行精准下单，避免重复造成的资源浪费，并快速发现物料的非常规变化，使得数据和单据安全性高、不易遗失、方便内部控制及事后审计。

②优化流程，检错提效。在以往的人工作业模式中，仓库管理的流程与信息并不集中，也无法获得有效优化，不能够做到防呆防错。WMS 可以有效地破除流程中的信息孤岛效应，使得相同的信息在不同的操作人员之间实时递送，改进完善整个作业流程，简简单单一个入库工序便能完成通知、登记、开单等任务，这在提高仓库管理效率的同时，也可以提升仓库管理的准确性。

③便于责任划分。WMS 的每一个环节都可以找到与之对应的操作人员，即这一环节的责任人。唯有明确责任、责任到人，方可提高工作人员积极性，才会在仓库管理产生问题时快速有效地进行解决。

④多维度报表分析。WMS可以对企业会计周期内的相关报表进行查询和多维度、可视化的分析，如销售报表、采购报表、盘点报表等。若有需要，企业也可以进行自定义生成报表并将其导出使用。

3.4.2 WMS的关键技术

物流是企业整个供应链中至关重要的一部分，WMS是企业物流体系结构中的一个子系统，具有较大的延展性，可以实现与运行系统的接口集成，从而与企业内部的众多系统高效协调运转。

只有明确WMS在企业整条供应链中所处的地位，才能更精准地进行系统的规划设计。WMS从体系架构方面来看，主要分为软件系统和物理架构。通常情况下，WMS采用B/S结构，从而不仅可以在因特网的配合下轻松进行分布联机处理，还可以与企业的SCM模块较好配合，从而使企业可以争取到更多的合作机会。

WMS充分应用了多种技术，如自动识别技术、大数据分析与预测、无线射频技术、电子标签技术、语言拣选技术等，它将无线扫描、电子显示、仓库管理以及Web应用有机融合，形成了一个完备的仓储管理系统，优化了作业流程，提高了信息资源利用率，加速了企业的网络化、智能化发展。该系统的关键技术如图3-12所示。

图3-12　WMS的关键技术

（1）自动识别技术

作为智能料架管理的基础，自动识别技术可以通过 RFID 和条形码等相关技术对产品作唯一标识和追踪，与此同时与 WMS 实时交互数据。在这种情况下，仓库的操作人员便能够从系统中精准地得知货位以及物料的状态与数量，从而避免人工盘点与查找，能够极大提高作业效率。除此之外，这一技术还能和无人机、工业机器人相配合，进行仓库巡视检查以及自动搬运等工作，提升仓库管理的智能化水准。

（2）大数据分析与预测

WMS 可以存储、收集并分析与仓库管理相关的各类数据，如销售量、库存量、采购量等。企业据此可以进行分析、研判和预测，得到颇具价值的信息，从而帮助管理人员科学、精准决策。

举例来讲，对于销售数据的精准分析有助于预判某种物料的需求量，进而有效管理库存、制定补货需求，并减少物料冗余或缺失带来的损耗；对于供应链数据的研究分析，能够对物料流转路径进行指导，从而节约物流开支，提升仓库的储存效率。

（3）无线射频技术

RF 作为 WMS 的重要支撑，能够促进企业仓储管理水平快速提升。WMS 的显著特点是能够实现高效运转，其运行的根基便是准确、迅速、动态地获得货品处理数据，而恰恰 RF 通信系统可以帮助 WMS 实现这一功能，从而极大地优化整个工作流程。

经过实践发现，具有 RF 支持的 WMS 不仅可以实时采集相关动态数据，还能够在优化企业工作流程、扩大投资回报等方面显示出巨大优势。RF 作为非接触式的自动识别技术，可以依托射频信号来自动识别任务目标，同时取得数据信息，而且整个工作过程皆可以自主完成，不受环境影响，可用于各类复杂环境。

（4）电子标签技术

电子标签，又称为射频卡、感应卡，是一种高科技的 IC 卡。它主要是用无线电波获取卡内有效信息，可以做到无源与免接触。在日常的使用中，它往往附在被识别物品的表层。这样，阅读器便能在不直接接触的情况下顺利读取和识别内含的数据信息，完成有效的自动识别。一般情况下，阅读器都与电脑连接，因此捕捉到的相关数据便能够传输到电脑上进行处理。

评价 WMS 功能的一个重要参考就是其是否可以与 ERP 等系统进行无缝连接，这是制造领域的企业在进行物流一体化和供应链管理中的重要支撑。如果没有它作为根基，企业就无法有效实施 QR（Quick Response，快速反应）战略和 ECR（Efficient Customer Responses，有效客户响应）战略。

（5）语音拣选技术

语音拣选技术属于无线拣选技术，它能够用语音拣选替换曾经的纸质拣选，实现了仓储拣选由无线终端到语音技术的过渡，可以做到实时、交互、准确和及时确认等，使得拣选工作的效率大幅提高、差错率迅速降低。

3.4.3 WMS 的主要功能

基于诸多先进技术的支持，WMS 在智能工厂的仓储管理方面体现出了不容忽视的应用价值。具体来看，WMS 主要具有以下功能，如图 3-13 所示。

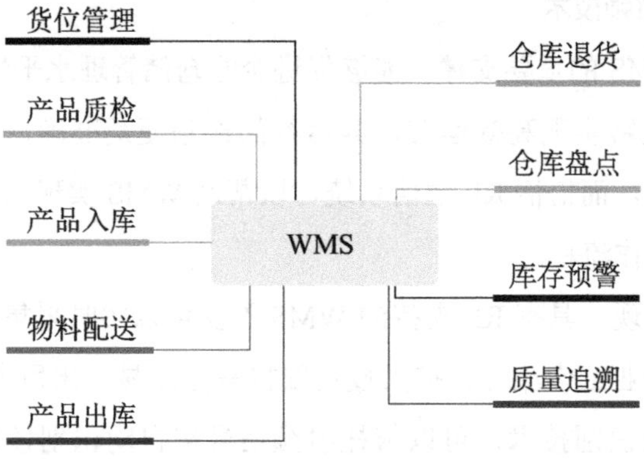

图 3-13　WMS 的主要功能

（1）货位管理

依托数据收集器来获取产品条形码，检索商品所处的具体货位（如某产品位于 X 货区 Y 航道 Z 货位），由此达成对商品的立体化、全方位管理。经由数据收集器与终端对货位的存储状态、位置大小、存放商品的最高容量进行实时查看，进而对货仓区域、体积、容积及装备限度进行有效管理。

（2）产品质检

产品完成包装后贴好条形码，之后会传输到仓库暂存区，质检部门会在这里检验产成品。如果发现不合格者，便会扫描其条码，同时在数据采集器上进行标识或记录，检验完成后将采集器与电脑相连接，将数据传至系统；合格的产品会生成质检单，由仓库保管人员进行操作，完成产品入库。

（3）产品入库

操作人员可以从 WMS 中将入库任务下载至采集器中，这样入库时只要扫描产品的条码，在采集器里填入对应的产品数量，再扫描货位条码（若入库任务里已指定货位，采集器则会自行核对），采集操作完成后将数据传输到系统里。以上操作全部完成后，数据库里便会出现本次入库产品的种类、数量、货位、生产日期、质检人员、入库人员等相关信息，系统也可以对所涉及的货位的产品进行叠加。

（4）物料配送

各货位会生成不同的配料清单，其中涵盖详细的配料信息，如配料的时间、数量、工位和明细等。仓库保管人员在拣货时能够依照上述条码信息进行检查核对，若发现有误的配料明细或者数量信息，系统便能够进行预警提示，从而大幅提高这一环节的工作效率。

（5）产品出库

一般情况下，产品出库由仓库保管人员持销售端提货单，按照先入先出的原则，在系统里下载好产品数据到采集器，开始产品出库时，要先到相应货位，扫描货位条码（若位置不正确，采集器会通过报警提示），之后可扫描任意一个产品条码。若符合任务要求，工作人员输入数量，便能够完成出库，同时需要记录好运输车辆信息，便于后续追踪。

（6）仓库退货

按照真实的退货情况，系统能够扫描货物条码，将采集器信息传输到系统之后下载退货单，进而显示退货明细以及账务核算等。

（7）仓库盘点

按照企业相关规定，WMS 能够将仓库、产品等盘点信息载入至采集器，仓库管理人员只需要到相应货位扫描产品条码并输入数量便可完成盘点，最后再把数据传输至系统，盘点报表就可以自动生成。

（8）库存预警

WMS 能够依据企业的实际规模来设置仓库存储总量以及不同品类的最高或最低仓储警戒线。当库存量超出或接近警戒线时，系统能发送警报提示管理人员，使其对生产和销售进行灵活而迅速的调整，提高企业生产效率，优化库存管理。

（9）质量追溯

质量追溯的数据准确性与上述环节密切关联，WMS 可以通过品类、生产日期、班组、批次等属性对相关产品的流向进行追踪，也可以按照产品属性、操作点信息对产品向上追溯。比如，在 WMS 中，企业可以依据信息查询和分析报表增设客户端，针对不同部门授予不同权限，不管是生产部门、销售部门还是质检部门、决策部门皆能按照自身所需即时查询产品生产、销售及库存等有效信息，进行数据分析，并可下载、打印相关分析报表。

3.4.4 国内 WMS 的应用

作为仓储管理信息化代表的 WMS，目前在我国制造领域尚未普及应用。其中，一些已经跻身行业排名前列的先进企业，对 WMS 的应用率较高，所应用的系统均为国外较为成熟的品牌；而另外的多数企业，基本并未将 WMS 引入仓储管理中。接下来对国内 WMS 的应用情况进行介绍。

（1）基于配送中心业务的 WMS

此类系统主要用于供应端和销售端企业的物流配送中心。

以北京医药股份有限公司的 WMS 应用为例，其主要涵盖订单管理、库存管理、进货管理、复核、拣选、配送、RF 终端管理、商品与货位基本信息管理等功能模块。依托数字化和网络化技术，该 WMS 能够优化仓库作业流程，合理编排任务。与传统配送方式相比，WMS 不仅能够降低配送耗时，而且可以提升订单处理能力，增强企业的社会效益。

该类系统是 WMS 中最为常见的，广泛应用于制造业及分销业的供应链管理之中。

（2）基于作业技术的 WMS

此类系统旨在协调解决各类自动化设备的信息系统之间的运行问题。

例如武钢第二热轧厂所使用的生产物流信息系统便是该类系统。武钢的这一系统能够协调解决原料库、半成品库和成品库三者的运行问题，可以使钢坯、粗轧中厚板和精轧薄板间流畅运行，避免连续作业被中断，从而节约企业能源，提高企业生产力。

这类系统的关键点是轧钢流水线上的全部自动化设备系统都要与物流系统实现无缝衔接，将库存管理纳入流水线并成为其中一个环节，同时将流水线作为库存操作的一部分。所有自动化设备皆有自身的信息系统，WMS 需要整合设备系统和工艺流程系统，并将其融进企业庞大的整体信息化系统中。该类系统的运行流程较为专业、规范，常作为关键的组成部分应用于大型 ERP 系统中。

（3）基于企业经营决策的 WMS

此类系统可以通过敏捷的计费系统、高效的核算系统以及功能完备的客户管理系统对企业的经营与决策给予信息支持。

华润物流有限公司的润发仓库管理系统便属于此类。华润的这一选择符合其自身特点，能够实现对仓库空间的充分利用，降低人工成本，提升经济效益。

由此可见，这类系统适用于提供公仓仓储服务的相关企业，其仓储作业及流程管理的技术具有共性多、特性少的特点，可以满足为众多客户提供通用服务的需要。

（4）基于电商 B2C 仓库管理的 WMS

此类系统的显著特点是仓库及配送管理的一体化，即 WMS+TMS

（Transportation Management System，运输管理系统），它主要运用的是随机存储策略，采用该系统的典型案例是亚马逊的WMS。对于在国内办厂的国外企业而言，其仓储管理方往往是第三方企业，因此在仓储管理过程中会遇到诸多困难，如客户定制不便实施，而且绝大多数企业很难真正做到WMS与TMS的一体化。

国内目前已经在WMS+TMS（仓配一体化）方面拥有相关经验的是易邮递的E8-DMS系统，中国移动的移动商城采用的就是这个系统，此外它也被国内多家电商企业所应用。这一系统能够辅助企业真正实现仓储、物流配送、客服、供应链等管理的可视化。

WMS基于成熟的物流理念，旨在帮助企业高效执行任务、完成流程规划。优秀的仓储管理离不开高性能的WMS、先进的设备以及高效的管理流程。其中，WMS拥有不同的功能模块，能够为企业仓储配送提供强大支撑，可以根据现代化设备、电子商务、客户需求、商务策略、订单的大小和环境的变化进行灵活调整，使企业资源得到充分利用，提高生产率，减少物流开支，提升服务客户的水准，真正做到有效管理大型仓库或配送中心的全部执行流程，不断提升企业供应链管理方面的竞争优势，突出展现现代化的供应链管理思想。

04

第 4 章 数字化车间建设实践

4.1 数字化车间：智能工厂的核心要素》

4.1.1 数字化车间建设思路与步骤

数据流动与信息数字化是数字化车间的最主要特征。数字化车间通过网络化、数字化、智能化的技术手段，对生产过程涉及的各类机械设备、物料、生产设施及各环节流程进行精准管控，从而实现生产组织、工艺设计和过程控制的优化，在保障产品质量的同时降低生产运营成本、提升整体效率，使企业获得快速响应市场需求的能力。而具体实现方式是以参与生产的物理对象（包括人、机、料、法、环等）为基础，在计算机虚拟环境中对其进行设计、仿真，借助各流程、各要素运行状态的可视化数据，对实际生产场景进行优化改进。数字化、智能化车间是智能制造发展的重要方向。

（1）建设数字化车间的基本思路

制造企业在建设数字化车间时，可以遵循以下基本管理思路，如图4-1所示。

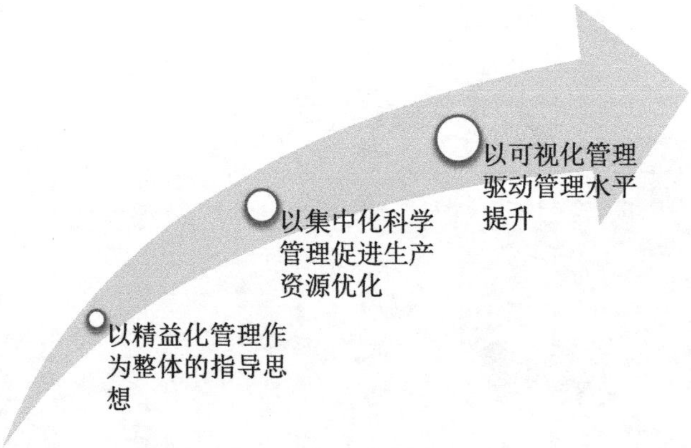

图4-1 建设数字化车间的基本管理思路

①以精益化管理作为整体的指导思想。在生产、运营、管理活动中，可以引入一定的数字化手段或信息技术能力，构建覆盖全车间的网络通路，实现生产全流程、全要素的互联互通，从而为自动化作业与管理奠定基础，全面提升对生产活动的信息化管控能力。

②以集中化科学管理促进生产资源优化。依托完备的工业互联网平台和先进的感知技术，实时采集生产过程中的各类运行数据，具体涵盖物料调配、加工组装、设备运维、仓储物流、生产进度等方面，并将这些数据上传到中心数据库，以进行综合分析处理，从而实现对各个生产环节的集中化管理。对大量数据的整合与挖掘，可以从中找到一定的生产运行规律，并利用这些规律改进生产管理方式，促进流程优化、效率提升，降低人员成本与生产成本；对设备、刀具、程序、物流等要素的科学管理，可以有效地提升管理效率和管理能力。

③以可视化管理驱动管理水平提升。数字化技术与信息化技术的深度融合，可以实现对生产全流程、全要素的可视化管理。车间的数字化环境为高档数控机床的应用提供了条件，车间中的所有生产步骤、运行状态的数据都可以被采集与记录，这有利于对生产问题、产品质量问题进行溯源分析，并辅助管理者进行经验总结，做出更加科学、合理的决策。

（2）构建数字化车间的要点

构建数字化车间是发展智能工厂的前提，同时也为智能制造的实现奠定了基础。以下列出了一些构建数字化生产车间的要点，如图 4-2 所示。

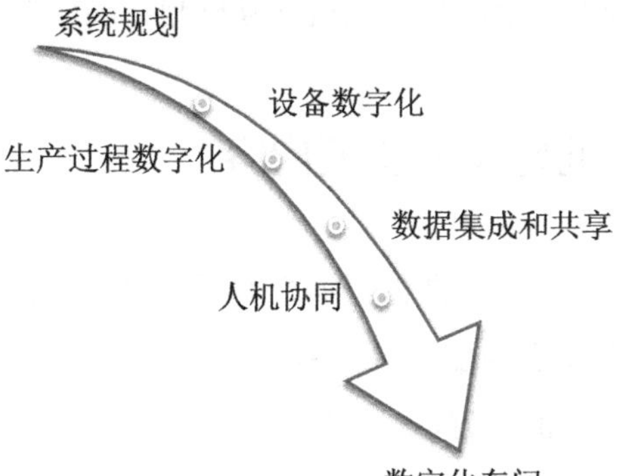

图 4-2　构建数字化车间的要点

①系统规划。在建设实施数字化生产车间之前，要进行详细的系统规划。规划的内容包括建设目标、具体方案、实施步骤、建设计划表等。其中，制定具体方案时又要具体考虑设备类型、生产流程、技术要求、场景布设、资源配置等因素，为数字化车间安全、高效地运行提供条件。

②设备数字化。将车床设施、工业机器人、传感器等生产设备进行数字化转化，是建设数字化生产车间的基础。在数字化技术的支持下，这可以实现对车间设备运行数据的实时采集与检测，从而为设备管理系统智能决策与自动化控制提供条件。同时，数字化可以辅助设备协同运行，以提升整体的生产效率。

③生产过程数字化。生产过程的数字化也是数字化车间的基本要求之一，具体包括生产计划、流程工艺、物料调配、质量检测、物流运输等环节的数字化。生产过程的数字化可以辅助提高各生产环节的智能化、自动化程度，促进其紧密衔接与流程优化。同时，也有助于管理者对各流程进行高效调度与监控。

④数据集成和共享。数据集成与共享是数字化车间的重要支撑，具体表现在对各生产要素相关数据的传递、整合与分析，在此基础上使数据得到高效利用，充分地挖掘数据中蕴含的信息，从而辅助管理者作出科学的决策。在利用数据的同时，也要保障数据的安全性，避免削弱企业的核心竞争优势。

⑤人机协同。人机协同是数字化生产车间重要的作业方式，最主要表现为作业人员与自动化设备的协同操作，数字化的人机协同机制可以促进人与机器之间的智能交互，进而有效提高生产效率，保障产品质量。同时，还要完善人机协同管理制度，及时优化人机交互机制、确保作业安全。

4.1.2 数字化车间建设的主要内容

数字化生产车间的建设需要做好详细的规划设计，并充分考虑管理方式、设备类型、生产流程和资源配置等因素，使数字化、自动化技术的优势得以充分发挥，以数据信息和高效的人机协同机制驱动数字化生产车间作业效率、作业质量的提高，在保障车间运行安全性、稳定性的前提下以数字化、智能化赋能企业价值创造。

（1）车间布局情况

企业可以通过构建车间场景三维模型的方式对布局设计方案进行仿真模拟。在进行布局设计时，企业需要根据工艺标准和布局原则充分考虑，并结合车间环境要求进行优化调整。从工艺标准方面看，企业一般需要根据作业内容和操作流程明确各个工位所需的作业范围，并预留足够的作业空间。

在用于车间布局的虚拟三维模型中，企业可以基于各个装置或设备的详细参数等属性对其进行定性、定量分析，明确不同设备间的关联性；同时通过开展仿真实验的方式，企业可以对设备位置、设备利用率、运动路径、物流动线等进行科学分析，以确保布局设计的合理性。另外，三维模型可以辅助开展虚拟操作下的人机工程分析，以人机协同的流畅性、匹配度为标准，对工作空间的合理性进行验证。最后，还要解决方案中存在的工作环境问题，包括是否满足消防安全要求、是否能够保障作业安全性、是否容易造成能源损耗等。

（2）设备改造和升级分析

在建设数字化车间的过程中，企业需要根据实际需求对产线设备进行升级改造。例如，可以在加工设备控制器中配置工件自动寻边找正系统或自动对刀系统，以提高自动化作业的精度；通过配置自动夹具系统、在线加工自动检测系统等，增强产线设备柔性，提升对设备的智能化、精细化管控能力。同时，企业也要加强智能设备或系统的检修力度，以确保设备稳定运行。

以企业产品质量要求和加工工艺特征为基础，以生产需求为导向，与自动化设备设计厂商、制造厂商积极沟通协作，通过详细分析论证共同解决目前自动化生产中存在的部分离散或多工序衔接不流畅等问题，例如以产品结构和产线数字化趋势为支撑，引入更为先进的四轴或五轴数控机床设备。同时，对自动化生产流程与生产操作、运输动线等进行优化改进，以提升产线的柔性化、自动化制造能力和生产效率。

（3）信息化基础能力完善分析

①开发车间制造执行系统。车间制造执行系统的应用状态是企业生产制造管理理念的直接体现。如何对其进行高效利用、使其作用充分发挥，是大部分制造企业可能面临的问题。例如，在该系统中可以集成智能仓储、智能

物流等功能，系统可以基于对现场工位反馈的生产进度信息与系统中计划信息的比对、分析，对工位物料配送需求与执行情况进行实时调整，即通过数据驱动实现按需生产的精益智能制造模式，这是MES发挥作用的具体体现。

②升级分布式数字控制系统。分布式数字控制（Distributed Numerical Control，DNC）系统中集成了先进的通信技术、计算机技术及数控技术。该系统的应用不仅是工厂信息化建设的必然要求，也是数字化车间建设的基础和前提。在系统中，得益于高效交互的数据信息的支持，上层控制计算机可以对数控机床进行有效控制，从而实现对车间生产设备的集群化、数字化和网络化管控。同时，集中化的数控设备管理平台不仅支持设备连接，也支持数控设备信息在开发车间制造执行系统中的传递，制造执行系统接收到生产指令后，利用一定的信息技术手段将指令转化为能够被现场设备识读的具体操作命令，由此实现对设备的高效控制。

③引进数控程序管理系统。数控程序管理系统以数据库为支撑，通过数据库可以对数控程序信息、工艺流程信息及各类加工文档进行有效管理；同时，还能够辅助制定明确的程序权限规则，提升数控程序版本与设备系统的匹配度，为数控程序全生命周期的管理提供有力支持。未来，随着数控程序管理系统的升级换代，其程序管理模式的智能化趋势将进一步加强，有望实现程序的自动化配置，提高对用户需求的灵活响应能力。

（4）优化MDC系统的机床监控和数据采集能力

MDC（Manufacturing Data Collection & Status Management）系统是一套以数据信息作为支撑的、能够有效辅助机床监控与生产决策的软硬件解决方案。该系统可以通过多种来源获取生产状态实时数据，并按照一定的算法规则对数据进行分析挖掘，生成能够直观反映某一时期生产状态的可视化报告或图表，从而辅助工作人员及时了解设备的运行效率、产线工件操作量等情况，做出科学的决策。

另外，对不同时间节点、生产环节数据的实时采集与匹配，有助于实现生产计划的闭环管理，提高管理柔性，使生产数据的价值得到充分发挥。从具体实现方式来看，可以通过RFID电子标签识别或条形码识别的方式来记录产品流转信息，准确地统计不同环节或工位的作业效率。

4.1.3 数字化车间的管理平台架构

在工业生产领域数字化技术、智能化技术应用不断深化的背景下，智能制造逐渐成为制造产业发展的重要趋势。数字化车间是先进的网络技术、自动控制技术、信息技术与传统制造技术融合应用的典型，为制造企业灵活响应市场需求、进行个性化与定制化生产提供了条件。许多企业在精益化管理、精益化生产的发展指导思想下，在生产过程中引入信息化、数字化技术，改善车间管理方式，改进生产工艺，促进企业转型升级，提升企业的综合竞争力。

（1）数字化车间管理的优势

随着市场的发展与技术的进步，传统车间的生产方式已经难以满足丰富多样、快速变化的市场需求，一些亟待解决的问题与矛盾也逐渐凸显。

以数据整理问题为例，对于生产过程中产生的海量数据，纸质化的数据记录方式不仅增加了员工的工作负担，还容易产生人为失误且不利于数据统计与分析，对数据表单的保存也会占用大量物理空间。而数字化的车间管理平台可以有效解决上述问题。首先，企业可以对各类车间数据进行梳理，使其结构化、标准化以便后续计算与处理；随后，在平台中设定一定的统计规则，将零散的设备数据、生产数据转化为可视化的图表进行呈现，由此使管理者能够快速、直观地掌握车间设备运行情况。同时，数据的全面性为数据分析结果的准确性奠定了基础，科学、可靠的数据分析结论有助于企业制定科学的生产决策，提高生产效益。

（2）数字化车间管理平台的构成

数字化车间管理平台可以辅助工作人员对生产状态、进度和生产质量等进行实时检测，实现透明化生产。数字化车间管理平台的构成由控制要求和工艺特点决定，通常包含设备层、控制层、车间执行层、管理层和协同层5个层级，如图4-3所示。

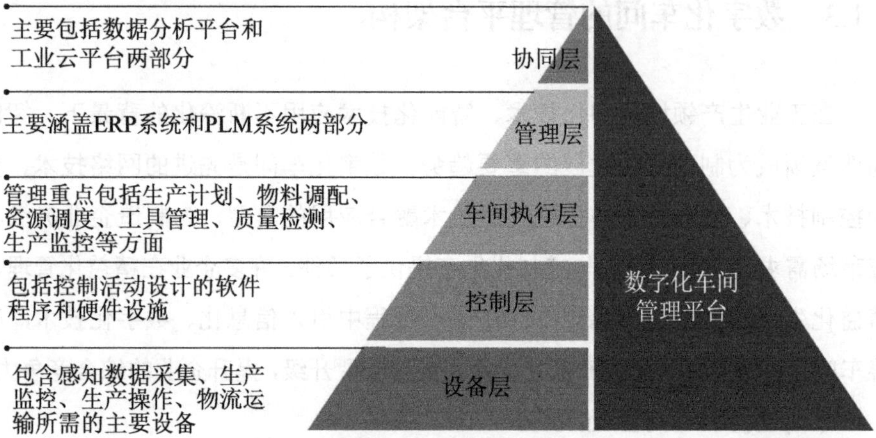

图 4-3　数字化车间管理平台的构成

①设备层。设备层包含了感知数据采集、生产监控、生产操作、物流运输所需的主要设备，一般有各种工业仪表、传感器、测量仪器、生产看板、监控摄像头、生产刀具、机器人作业设备、AGV 等。

②控制层。控制层包括控制活动设计的软件程序和硬件设施，如组态软件、可编程逻辑控制器、人机交互系统、SCADA 系统和工业交换机等。设备层采集到的生产数据借助网络通路传递到控制系统中，控制系统在数据处理的基础上实现生产控制。

③车间执行层。制造执行系统 MES 在执行层发挥了重要作用。MES 根据车间工艺设计、生产工艺仿真方案、生产数据分析结果及车间布局等信息对车间进行高效管理。其管理重点包括生产计划、物料调配、资源调度、工具管理、质量检测、生产监控等方面，此外还包括辅助生产活动的基础数据管理、数据信息分析、工艺管理等。

④管理层。管理层主要涵盖了企业资源计划（ERP）系统和产品生命周期管理（PLM）系统两个部分。其中，ERP 系统是一个基于管理科学理论，运用信息技术、计算机技术等先进技术对企业资源进行高效整合、辅助管理者规划决策的资源管理平台。

PLM 系统则着眼于产品生命周期各环节，可以促进企业对生产信息的规范化管理，从而提升业务协同性和整体运营效率。PLM 系统可以对离散的信息进行集中处理，确保从订单发起、方案设计到工艺生产、产品交付等各环节中产品信息的准确性和产品质量的稳定性，并促进生产效率提升。此外，系统中可以集成来自 ERP 系统、计算机辅助设计（Computer Aided Design，CAD）软件中的数据，从而基于全面的数据分析结果赋能产品全生命周期的管理。

⑤协同层。协同层主要包括数据分析平台和工业云平台两部分，以强大的数据处理能力为经营管控分析、协同开发、生产设备运营调控和远程运维等活动提供支撑。数据分析平台可以提供可靠的云计算服务，为大数据应用程序的部署提供算力和数据空间，从而实现数据的应用与管理。

总之，数字化车间信息系统基于信息管理模型划分的 5 个层级，大体覆盖了智能化生产车间中工业机器人应用所需的全部信息，这为数字化车间数据在全网的互联互通提供了条件。

4.1.4　数字化车间管理平台的搭建

工艺加工是赋予产品价值的重要环节，而将数字化技术应用于包括工艺加工在内的生产全流程是实现生产智能化转型的关键。建设工艺数字化信息平台，打通各参与环节、各要素之间的数据流，有利于促进上下游高效协同。工艺流程数字化程度加深，有利于拉齐各工艺环节标准，提升工艺一致性，以确保产品质量的稳定性及可靠性。

数字化车间管理平台能够通过模拟方法或验证手段在规划早期及时发现问题，从而缩短产品的生产准备周期。下面就以数字化工艺平台的建设为例，分析数字化车间管理平台的搭建要点。

（1）数字化工艺平台建设初期

在平台建设初期，就应该完成基础功能模块的开发，并将其投入使用。

在产品准备阶段，可以按照 APQP（Advanced Product Quality Planning，产品质量先期策划）方法进行管控，项目进度及产品交付是重点管控内容；对物料清单和工艺方法进行规划管理，制定统一的数据标准、工艺标准；实现对生产流程正向、逆向的闭环管理，确保变更执行的质量；注重对知识、经验等工艺资源的积累与管控。

（2）工艺数字化平台建设中期

在平台建设中期，应努力实现工艺创新性管理。即通过虚拟仿真、建立三维模型等数字化技术，对工艺规划的合理性进行仿真验证；以可视化的形式呈现出工艺状态，调整、优化完成后，按照所优化的三维工艺模型下厂；除工艺仿真外，还要构建关于产线设备、物流、产线流程节奏和人机协同作业过程的仿真模型，从而进一步优化管理。

（3）工艺数字化平台建设后期

在工艺数字化平台建设后期，实现工艺数字化技术的成熟应用，使其深度参与生产制造活动。依托数字孪生技术，平台可以实现生产数字孪生体与现实生产场景的虚实交互、融合统一，通过数字孪生体进行模拟验证及时发现、解决生产活动中存在的问题，提高生产智能化水平。这一阶段进行工艺数字化平台建设需重点关注以下方面：

- 加强数字化技术团队建设。人才是企业的核心竞争力，企业可以根据发展规划要求成立专门的项目团队，有针对性地进行技术研究，丰富数字化技术知识和经验的积累，提升在数字化工艺方面的竞争优势。
- 完善数字化标准体系及业务流程，基于上下游关系、业务流、数据流的传递特点，制定相应的流程标准规范，推进管理创新。
- 促进数字化基础建设与辅助工具开发，巩固数字化转型的基础，优化数据库支撑平台、软件基础环境、网络信息环境、信息安全机制等基础工具的性能。

（4）仿真系统应用

在数字化车间管理平台中构建产线数字化模型、物流仿真模型等，能够实现对生产活动各要素的模拟验证与优化管理。基于虚拟模型对现实生产场景的精准映射，可以实现海量实时生产数据驱动下的虚实交互：如果现实生产线的运行出现问题，这些问题可以被实时反馈到虚拟系统中，系统根据数据分析结果生成优化方案（或由作业人员输入优化参数）并进行验证，通过验证的方案会反馈到现实生产线中，促进产线优化和问题解决。由此实现虚实交互的智能生产。

综上所述，ERP 系统、MES、工艺资源、工艺装备在数字化车间中的融合应用，为生产数据分析和车间运行的智能转化奠定了基础。

在建设数字化车间的过程中，依托 PLM 系统实现多个系统集成与数据贯通是建设要点之一，而数据贯通为数据准确性、实时性及数据处理结果的有效性提供了保障，这有助于实现可视化、透明化与智能化的生产。数字孪生技术可以为可视化工厂的建设提供有力支持。此外，企业应该充分认识到顶层规划的重要性，在项目开始阶段输出科学的顶层设计方案，可以确保项目实施的可控性，并以有限的项目成本达到预期目标。

4.2 数字化车间的产线建设及仿真应用

4.2.1 自动化产线的建设目标与设计要点

近年来，我国的劳动年龄人口越来越少，人口红利逐渐消失，传统的人员密集型生产企业的用人成本不断上涨，因此亟须制订行之有效的战略规划，并在其指导下打造自动化产线，提高产线的生产效率、生产质量和自动化程度，减少人力成本的支出。

（1）自动化产线的建设目标

生产车间是制造业企业生产产品的重要阵地，车间的智能化程度直接影响企业的智能化发展。传统生产企业亟须顺应时代发展趋势进行数字化转型，从实际操作上来看，工业领域需要大力普及智能制造，强化工业基础生产能力，提升综合集成水平，助力企业向自动化、数字化、智能化和精益化的方向快速发展，如图 4-4 所示。

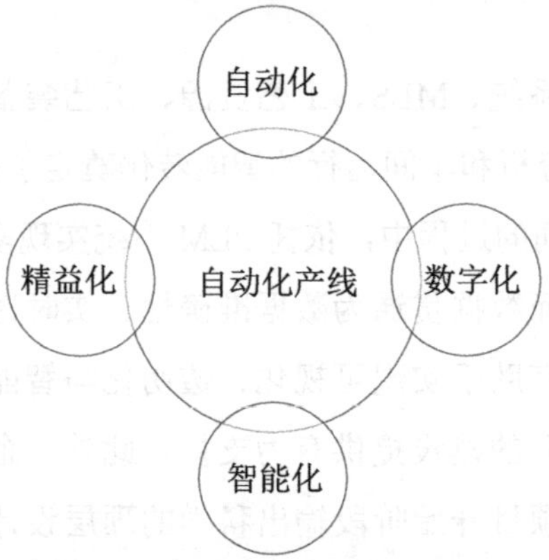

图4-4 自动化产线的建设目标

- **自动化**：通过提高机床、物流设备、工艺设备和测量设备等设备的自动化水平的方式来提升整个生产过程的自动化程度，并利用大量数字化信息助力工厂实现精细化、智能化生产。
- **数字化**：用于制造管理的管控系统能够以数字化的方式精细化管理和控制整个生产过程中的各个环节，如计划调度管理、生产物料与产品均衡配比、工艺执行情况、过程质量监控和设备状态管理。
- **智能化**：利用设备物联网连接起各个物理设备和信息化系统，并在此基础上打造数字孪生产线，以虚实融合的方式提高工厂的智能化程度。
- **精益化**：在以精益生产为核心的基础上打造数字化车间，完善数字化体系，推动工厂转型为智能工厂。

（2）自动化产线设计的6大要点

企业应先通过调研深入了解产品特性，然后进一步明确产线设计的关键点，最后在此基础上展开自动化产线设计工作。具体来说，企业在进行产线设计时主要需要考虑以下6大要点，如图4-5所示。

①产品种类：企业应掌握产品数量信息，将最大产量产品的各项标准作为基本标准设计生产规划方案，并从产品种类出发，明确对产线兼容性的需求，找出合适的产品生产切换频率，判断工装是否需要随产品生产切换而改变，同时明确对产品生产切换的自动化程度的要求，找出产品生产过程中的混线

生产问题，并判断这一问题是否会影响自动化产线设计。

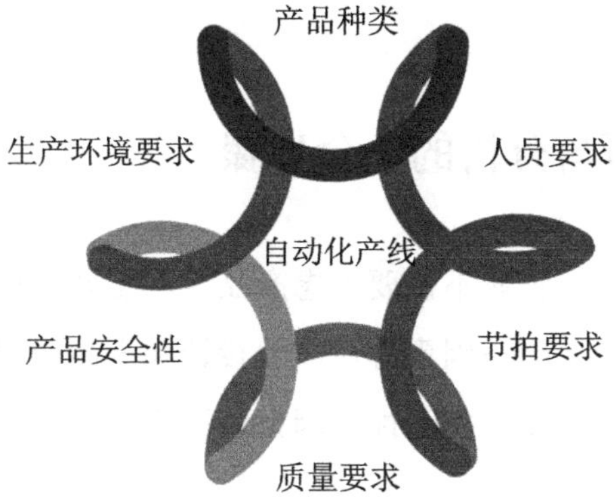

图 4-5　自动化产线设计的 6 大要点

②人员要求：企业应明确对产线人员数量的要求，并在不设置硬性要求的前提下协调好人力成本、投入成本和技术难度三项要素之间的关系。

③节拍要求：企业应明确产品数量和节拍情况，判断产品在自动化产线升级后对节拍要求的变化情况，根据产品和技术等实际情况提升节拍，并在部分工位无法有效提升节拍时综合运用多台设备共同处理该问题。

④质量要求：企业应明确产品合格率方面的要求，制订科学合理的不良品返修方案和报废品流转计划，并根据当前的不良品率计算不良品暂存区的实际容量。对于特殊产品，企业需要尽可能提升产品合格率。

⑤产品安全性：企业应了解产品生产过程的安全性和产品本身的安全性，并在设计自动化产线的过程中合理规避各项危险因素，确保相关工作人员和客户的安全。

⑥生产环境要求：企业应明确生产过程中对厂房温度、厂房湿度、有害气体排放情况、相关工作人员工作地与逃生门的距离、相关工作人员的逃生路线等生产环境相关内容的具体要求，从环境上保障产品的生产质量和工作人员的安全。

企业在充分了解自身所生产的产品后，还需进一步掌握产品的工艺流程相关信息。具体来说，企业要先分析产品的人工生产工艺流程，根据分析结果绘制相应的工艺流程图，再分析产品生产过程中每个环节的工艺原理，评估各个环节中各项工艺的必要性和合理性，并综合运用各项自动化设备对与自动化生产不符的人工生产工艺进行优化调整，产出经过优化处理的生产工艺流程图。

4.2.2 产线调研与分析的 7 个步骤

在产线规划方面，企业不仅要考虑产品生产工艺中的各项难点，还要充分考虑各项人为因素、历史因素等对产线设计和产品交付的影响，同时也要合理考虑成本、设计难度、安全性等因素，以便在产线规划环节解决以下几项问题：

- 装配线来源物料一致性差，企业只能利用新开发的设备装配设计样品，但无法在规模化生产过程中实现成功的设备装配；
- 基于人工操作设计的装配物料和装配工艺不符合自动化生产的要求，企业需要在自动化改造方面花费大量成本，却无法确保自身能够改造成功；
- 传统的人工质检缺乏参数化的检测标准，难以有效地衡量产品质量；
- 防爆车间设备在安全性界定方面缺乏明确的标准，企业无法将各项先进设备应用到产品生产当中；
- 高度兼容的产线能够生产多种产品，但同时也会导致企业出现同一产线需生产大量各不相同的产品的情况；
- 产线设计不符合数字化车间建设的硬件需求，企业难以对车间进行数字化升级改造。

对企业来说，旧产线改造和新产线建设都是工作量极大的系统性工程。从实际操作上来看，企业需要对自身已有生产流程进行优化升级，安排相关设计人员学习自动化的相关知识，并在充分掌握各项相关内容的基础上利用自动化相关知识对还未适应自动化的生产工艺进行优化，再根据优化情况绘制新的产线设计规划图，通过对规划图的不断修改确定产线布局。

一般来说，企业对产线的优化会涉及调研、设计和实施等所有相关环节，产线调研与分析的步骤如图 4-6 所示。

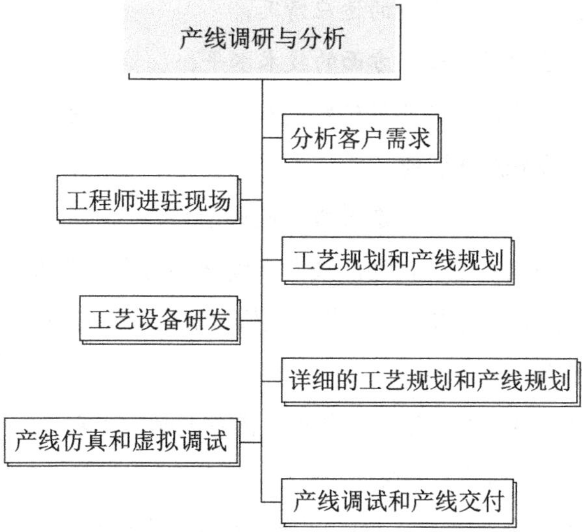

图 4-6　产线调研与分析的步骤

（1）分析客户需求

企业的相关工作人员应在与客户沟通的过程中精准把握客户的实际需求，并了解企业的自动化规划，明确人员、节拍、安全和质量等各项与自动化产线建设相关的重要因素。

（2）工程师进驻现场

首先，企业应安排工程师参观生产现场，帮助工程师了解企业在产品生产方面的自动化情况和设备使用情况，明确设备的使用效果和故障率，掌握其设计原理和故障原因；其次，企业应安排工程师走访工艺人员，以便充分了解各项产品生产相关工艺的作用，理清工艺流程，明确关键工位和注意事项；最后，企业应安排工程师与操作人员进行交流，全方位了解工艺细节、设备操作难度、工艺完成难度、往期设备使用问题、设备失败原因等内容。

在完成现场调研工作后，企业还需从以下几个方面进行风险评估：

- 明确各个工位工作的难度和需求方要求的复杂程度；
- 判断产线中有无需求方造成的人为障碍；
- 找出产线中无法突破的瓶颈工艺，并进行多方协商；
- 明确产线的自动化改造条件，评估上游所供应原料的达标情况，并根据实际情况进行协商和调整；

- 了解产品对自动化改造的适应情况；
- 衡量自身在自动化改造方面的技术水平；
- 预估部分复杂工位的非标研发成本、风险水平和可复制性。

（3）工艺规划和产线规划

企业在智能自动化产线改造过程中应厘清自身当前的人工工艺流程，提高工艺流程的自动化程度，推动产线向自动化的方向转型发展，并在此基础上对产线布局、物流流转方式和设备摆放位置等内容进行规划设计。

（4）工艺设备研发

企业应在充分掌握产品生产工艺相关内容的基础上对产线中的采购设备、改造型设备和非标设备进行整理。

- **采购设备**：企业需要先挑选出符合自身要求的设备生产厂家，再将设备参数与使用要求进行比对，最后根据比对的结果选择合适的设备，并精准记录采购周期。
- **改造型设备**：企业需要先获取和分析原厂设备信息，明确各个相关接口的兼容性，并对改造风险和改造难度进行精准评估。
- **非标设备**：企业需要根据自身当前的人工工作方式设计产线改造方案，通过与客户的交流了解客户需求，并据此进一步优化方案，细化设备内部机械结构，选择合适的结构件型号，同时对部分设备进行运动仿真模拟。

（5）详细的工艺规划和产线规划

企业在进行智能自动化产线改造时需要将采购设备和自身开发的设备引入产线规划当中，并针对设备瓶颈、工艺水平和节拍限制等因素反向论证产线规划方案的科学性和合理性，同时也要构建三维数字模型，并将各项相关数据导入模型当中，以便对各项相关物流设备和工艺设备进行优化升级。

（6）产线仿真和虚拟调试

企业需要通过对产线物流进行仿真建模的方式测评物流模拟的可靠性，并从整体上对具有工艺复杂度高、节拍高等特点的产线进行节拍运算，同时通过对各个必要工位的虚拟调试来提高日生产物料和成品吞吐量规划的合理性。

（7）产线调试和产线交付

企业需要采购、设计、安装和调试虚拟数字化产线，在对产线整体进行联动调试的过程中找出不符合自身实际生产要求的部分，及时对这些部分进行调整和优化，解决相关问题并进行产线交付。

4.2.3　车间产线数字化建模与仿真

近年来，智能制造的数字化程度日渐提高，制造系统中逐渐融入机械制造、计算机科学和系统管理工程等多个领域的技术和知识，成为综合性越来越强的新型应用系统。就目前来看，制造系统存在建设周期长、技术难度高、前期投资大等不足之处，因此企业需要充分地发挥三维协同设计和仿真技术的作用，进一步优化产线布局设计，在设计环节提前解决各项潜在问题，进而提高产线设计的质量和效率，并达到效益最大化的效果。

（1）传统产线设计规划的痛点

基于传统三维软件的产线布局模式存在功能较少、多因素动态信息计算模拟能力较弱、产线布局对工程师经验的依赖性强等不足之处，企业难以仅凭人员计算实现对产线建设的全方位考虑，也无法提前发现产线建设中的各项潜在问题，还可能会受传统设计软件局限性的影响，导致产线设计落地过程中出现以下几类问题：

- 仅凭工程师经验对机器人工作、设备工艺动作、多机器人协作等工作流程和干涉情况进行判断，存在科学性和准确性较低等不足之处，可能会导致产线设计出现问题；
- 产线物流运转过程的直观性和可视化程度较低，企业需要花费较多的交流成本在复杂产线产品生产运输环节上；
- 复杂产线的节拍计算难度较大；
- 对于无法发挥作用的产线数模，企业需要利用产线仿真软件打通数模和产线之间的数据流，并以科学合理的方式管理、控制和优化产品的实际生产流程。

（2）数字化产线建模与仿真的重要性

自动化产线的设计和建设是一项系统性的大工程，企业可以通过将产线与数字化相融合的方式构建数字化产线，以便统一管理和控制生产制造流程，合理规划和应用配置各项内外部资料，提前设计规划数字化布局，并通过仿真模拟来提高设计效率。但传统的三维设计存在数字化覆盖范围较小和封存的数据资料无法应用到调试、生产和产线优化等环节当中等不足之处，无法充分利用数据资源来优化产线。

企业可以利用工业制造领域的数字样机技术实现虚实融合，并将产线数字模型应用到包含规划、建设、调试、生产、优化和监控等所有环节的产线建设生产流程中，提高产线的直观性和智能化程度，以便直接监控生产过程，提高产线设计的效率和后期数据的应用率。

（3）仿真布局使用流程

企业可以利用各项相关设备和软件高效设计规划产线布局，降低相关工作人员在产线建设前期的工作压力，提高产线设计的合理性以及数字化和规范化程度。具体来说，企业在对产线进行设计规划时用到的技术主要发挥以下作用：

①帮助企业扫描厂房当前的结构，并将其转化成点云存储进相应的软件当中，同时以现场环境为依据确定整个区域的面积，并定义各个区块的功能和衔接方式。

②帮助企业明确生产工艺和自动化需求等内容，并在充分掌握产品、生产资源、工具工装、设备选用和人员模型等内容的基础上利用自动化设备为产线构建三维数字模型。

③充分发挥软件中的产线资源库体系的作用，帮助企业以科学合理的方式配置人员、机器人、AGV、工艺设备和物流输送线等要素，设计符合实际情况的工艺流程，并对工艺流程进行仿真分析。

④帮助企业充分利用系统中参数化的设备资源和制造单元，多角度定义产线生产规则。

⑤帮助企业借助产线的数字模型导出物料清单，并在确保物料清单完整性的前提下生成各类具有参考价值的可视化报告。

⑥帮助企业渲染和展示产线。

与此同时，企业可以在应用以上各项软件功能的基础上通过以下几种方式有效管理各项自动化产线的仿真数据：

- 构建工厂资源模型。对于已有模型的设备，要在设备模型中录入各项相关数据；对于暂时没有模型的设备，要提前准备相关数据。同时，企业也要构建产线设备模型、工装夹具模型和结构单元模型等多种模型，检查、定义和优化产线设计规则，并将其导入各个节点当中。
- 定制工厂资源库。从自身实际情况出发进行结构调整、种类扩充等资源库定制操作。
- 定义软件产线工厂设计环境，涉及模板、属性和种子文件等内容。
- 定义制造加工规则和设备运动干涉规则等产线实际生产规则，为产线设计的有效落地提供支持。
- 规划设计产线，将产线规划与二维产线图进行结合，并优化处理不兼容的部分。
- 根据产线退化图构建相应的 BOM 结构。
- 在产线图中调整各项物流设备和非标工艺设备的位置。
- 优化产线结构，定义物流传输规则和产品生产规则。

4.2.4　产线仿真技术的应用场景

企业需要为具有一定复杂度的生态系统构建动态化的计算机模型，并利用该模型来明确系统特性、优化系统性能、动态模拟和优化调整库存与在制品之间的比例，同时也可以计算生产设备的利用率，并根据计算结果进行调整，避免出现资源浪费问题。不仅如此，计算机模型在试验和工艺仿真环节的应用也不会对企业的生产现状造成不良影响。

（1）产线仿真技术的应用价值

产线仿真大多应用在物流、工艺流程和产线布局等方面，主要能够为企业带来以下几项价值，如图 4-7 所示。

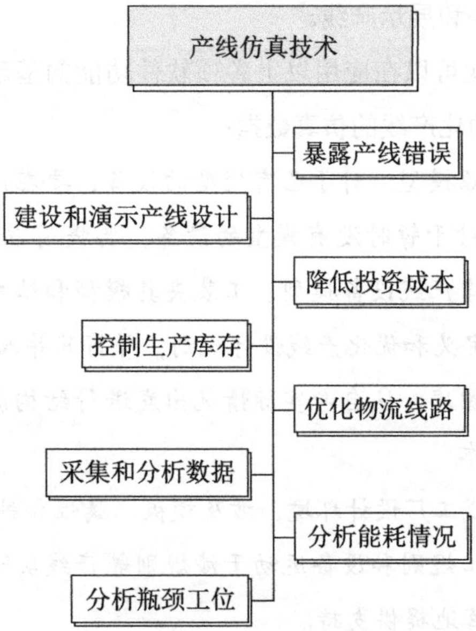

图 4-7　产线仿真技术的应用价值

①暴露产线错误：企业在建设新工厂、建设新产线、改造旧车间等活动中应用产线仿真技术能够有效验证三维产线和产品发展战略规划，并通过验证及时找出产线中存在的错误，以便将错误修复时间提前，降低综合损失。

②建设和演示产线设计：在二维模型的支持下，企业可以高效设计和调整产线规划；在三维模型的支持下，企业可以进一步提高产线规划设计的直观性；在二维模型和三维模型的共同作用下，企业可以利用仿真数据对工作节拍、物流顺序和设备利用率等工厂特性进行实时动态模拟。

③降低投资成本：产线仿真能够帮助企业强化生产设备能力，从而在确保产能的前提下压缩成本。

④控制生产库存：产线仿真可用于计算库存物料和生产产品储存量，最大限度地提高生产资源的利用率。

⑤优化物流线路：企业可以利用产线仿真的方式构建产线仿真模型，并在模型运行的过程中实现对物流密度和物流方向的分析，进而达到提高产能和缩短物流搬运距离的目的。

⑥采集和分析数据：企业可以借助产线仿真完成对生产数据的分析，并

根据分析结果实现对实际生产效果的预测、对实际效果和预期目标的对比以及对产线布局的优化。

⑦分析能耗情况：企业可以借助产线仿真进行能耗分析，并根据分析结果提高设备协调性，降低在设备方面的成本，减少能源使用量。

⑧分析瓶颈工位：企业可以利用产线仿真的方式明确产线节拍，挖掘出瓶颈工位并进行分析，计算消除瓶颈工位的成本和收益，通过对计算结果的对比决定是否消除瓶颈工位。

（2）产线仿真技术的应用场景

产线仿真技术有效优化了产线建设流程，提高了规划、设计、仿真、验证、调试和生产运营等各个环节的整体性，促进了虚拟数据与实际产线的融合，为数据和生产之间的反馈和调整提供了支持，充分发挥出了数据的作用，切实改进了产线的设计流程，同时也大幅提高了设计效率和规划收益。

具体来说，产线仿真主要应用于以下几个方面，如图 4-8 所示。

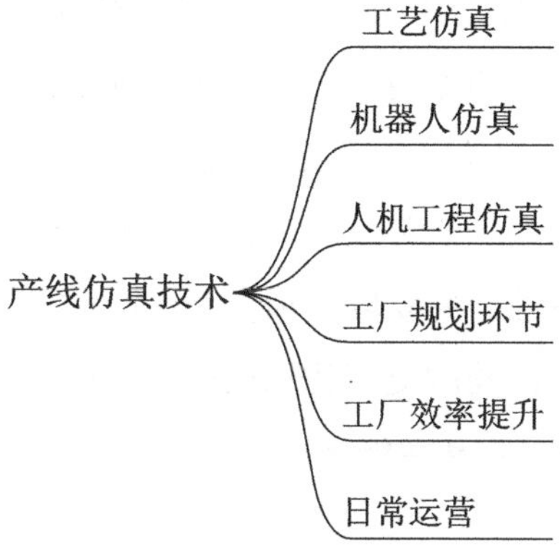

图 4-8　产线仿真技术的应用场景

①工艺仿真：企业可以通过工艺仿真的方式模拟设备的加工、制造、装配和包装等生产环节，实现工艺优化，例如，数字控制加工过程模拟可以以数字化的方式展示工件加工情况，避免出现欠切和过切等问题，并达到优化刀具加工工艺的效果。

②机器人仿真：企业可以通过对机器人和机器人末端工装的仿真模拟实现对机器人的利用率、工作范围、空间干预情况以及多机器人联合加工生产

情况的有效验证，达到提高后期上线成功率和降低错误率的效果。

③人机工程仿真：企业可以在对人机工程进行仿真模拟的前提下精准分析人员辅助操作，判断工作流程、人员操作和装配运动过程的可行性，并根据判断结果提供相应的指导，同时确保操作安全。

④工厂规划环节：企业在建设新工厂或扩建厂房产线时应提前规划好设备数量、厂房建设面积和布局方式等内容，并明确设备使用标准。

⑤工厂效率提升：企业需要在最大限度地压缩成本的同时通过对产线的优化调整实现产线效率的最大化，并在生产产品发生变化时及时改变产线的产品工艺，调整产品种类。

⑥日常运营：企业可以借助产线模拟来对大量不同种类的产品的生产方式进行排列组合，提高订单生产组合策略的合理性。

产线规划建设涉及机械、电气、土木和软件工程等多个领域的知识和技术，企业在设计和建设产线时需要全方位考虑各项相关因素，以科学合理的方式综合运用物流设备和工艺设备，提高物料流转效率，缓解用工紧张问题，并充分发挥产线仿真技术的作用，优化产线规划设计，进一步提高产线设计效率和产线建设成功率。不仅如此，企业还应综合运用控制技术、总线技术、通信技术和信息技术打造产线集成制造管理系统，借助该系统提高各项物流设备和工艺设备的协调性，并获取各项工艺生产信息，根据自身实际需求对指定货物进行物流运转，同时提高物流运转的有序性、高效性和精准性，推动产线实现自动化、数字化和智能化。

4.3 基于5G边云协同的柔性化产线方案

4.3.1 数字科技驱动的柔性智能制造

随着美国、英国、德国等经济体围绕智能制造发布一系列战略，工业智能化逐渐上升到国家战略层面。在此形势下，我国提出“制造强国”战略，并于2015年5月印发了首个十年纲领文件——《中国制造2025》。在该文件的指导下，我国制造业重点领域积极推进智能化改革，到2020年其智能化水平得到了显著提升。

2015年7月，国务院印发《国务院关于积极推进“互联网+”行动的指导意见》，提出“互联网与制造业融合进一步深化，制造业数字化、网络化、智能化水平显著提高”“新一代信息技术与制造技术融合步伐进一步加快，工业产品和成套装备智能化水平显著提升”“信息物理系统（CPS）初步成为支撑智能制造发展的关键基础设施，形成一批可推广的行业系统解决方案”等目标。工业智能化成为我国“制造强国”战略落地的重要保障。

在信息技术的推动以及相关政策的带动下，诸多行业和领域均开始推进智能化转型，其中比较有代表性的是以3C制造为代表的精密电子制造业。由于3C制造业对应的产品种类较多、批量较小、对时效性的要求也比较高，因此对个性化、定制化生产的需求更为迫切。制造业传统的生产线难以满足上述要求，需要引入智能化技术对产品设计、生产加工、质量检测、售后服务等环节进行改造，打造柔性化生产线，满足个性化、定制化的生产要求。也就是说，对于精密电子制造业来说，基于智能技术的柔性智能制造是必然发展趋势。

柔性智能制造对生产系统的网络能力、计算处理能力提出了比较高的要求，要求网络具有大带宽、广连接、移动性强、数据传输时延低等特点，而传统的“以太网+Wi-Fi”无法满足上述要求。再加上传统工业生产使用的网关、工控机等设备的算力不足，虽然数据中心配置了拥有智能算力的服务器，但仍无法满足智能检测对数据传输时延的要求，无法保证检测结果的精准度。

近年来，随着5G、边缘计算等新一代信息技术与工业运营技术不断融合，以5G、边缘计算为代表的新一代信息技术成为工业智能化转型的重要支撑，在工业互联网以及精密电子制造行业实现了广泛应用，凭借大带宽、低时延、广连接、强算力等特性为整个工业生产流程赋能，为柔性智能制造的实现提供强有力的支持与助力。

具体来看，5G与边缘计算在3C制造业的应用就是以基于工业PON（Passive Optical Network，无源光纤网络）的5G+F5G（Fixed-5G，第五代固定网络）为网络基础，通过边缘云与工业智能网关的相互协作构建边云协同架构，面向 SMT（Surface Mount Technology，表面组装技术）产线的智能化生产要求，打造柔性化的智能生产方案。

4.3.2 基于 PON 技术的“端边云”协同

在传统的工业生产环境中，网络架构由两部分组成，一部分是专门用于支持 IT 业务的互联网，另一部分是用于支持 OT 类业务的工业以太网和现场总线，这二者也可以简称为 IT 网络和 OT 网络。而在智能化生产环境中，制造企业需要打通 IT 网络和 OT 网络，并构建端到端网络实现现场总线与云端平台的自由交互，促使整个生产链上的生产要素实现互联互通，为工业智能化奠定良好的基础。

IT 网络和 OT 网络的打通离不开工业 PON 的支持。在具体实践中，制造企业利用工业 PON 打造新型网络平台，与工厂自动化生产系统相融合，为异构网络连接奠定良好的基础，解决工业生产现场的设备、人员、物料、环境无法互联的问题，为工业协议的统一与转换提供强有力的支持。制造企业通常会在车间级网络部署工业 PON 网关设备，通过 ONU（Optical Network Unit，光网络单元）与现场总线系统的设备相连，将生产要素数据通过光纤网络汇聚到 OLT（Optical Line Terminal，光线路终端），然后将 OLT 与 IT 网络连接，打通 OT 网络与 IT 网络，实现工业数据上云。

虽然工业 PON 解决了 OT 网络与 IT 网络的连接问题，但柔性智能制造对移动网络提出了更高的要求，仅凭传统的 Wi-Fi 网络很难满足这些要求。为了解决这一问题，制造企业将目光转向了 5G 技术，尝试利用工业 PON 网关搭载 5G 模组，将 5G 网络与 F5G 网络相融合创建固移融合网络，共同满足工业生产系统对移动网络广覆盖、不受外部环境干扰、高传输速率等要求。

工业 PON 网关搭载 5G 模组可以收集和整合 OT 系统产生的各类生产要素数据，然后利用 5G 接入网或 OLT 设备将收集到的数据传输至网络边缘侧，并将执行指令回传至搭载了 5G 模组的工业 PON 网关。工业 PON 网关将接收到的指令下发至各个生产系统，指导生产活动有序进行。除此之外，搭载了

5G模组的工业PON网关还可以对收集到的产线级数据进行深度挖掘与处理，满足海量数据的实时处理需求。

总而言之，工业PON网关具有两大功能：第一，工业PON网关借助F5G接入方式将IT系统与OT系统连接在一起，将OT系统产生的数据接入云端进行处理；第二，工业PON网关搭载5G模组可以基于5G与F5G构成的工业PON固移融合网络构建工业端边云协同架构，对OT系统产生的数据进行本地处理。

按照协同层级，工业端边云协同架构可以划分为三个层级，一是端边协同，二是边云协同，三是云上协同，具体如图4-9所示。

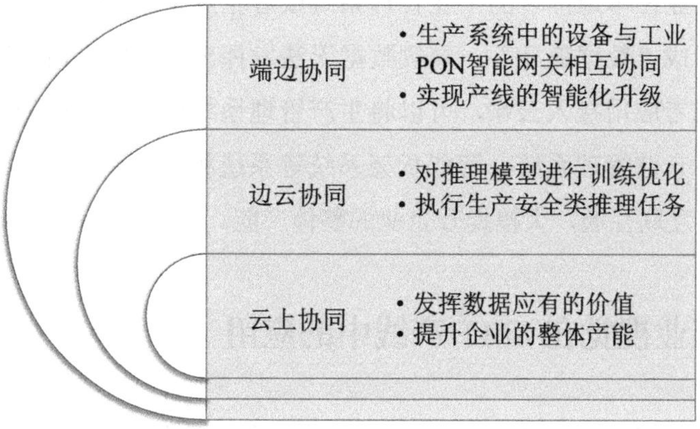

图4-9 工业端边云协同架构的三个层级

（1）端边协同

端边协同指的是数采系统、品控系统等生产系统中的设备与车间内部署的工业PON智能网关相互协同，可以对产线各环节产生的数据进行实时收集与处理，并对数据处理结果进行智能反馈，满足数据处理对网络超高带宽、超低时延的要求，为生产效能的提升提供强有力的支持与助力。同时，工业PON的智能网关可以突破产线单机算力的限制，在本地对数据进行处理，提高数据的处理质量与效率，以较低的成本实现产线的智能化升级。

（2）边云协同

边云协同具有两大功能，一是对推理模型进行训练优化，然后在边缘侧执行操作；二是执行生产安全类推理任务。具体来讲就是，产线与工业PON

智能网关需要利用推理模型处理数据，这些模型的训练和优化可以通过企业部署的边缘云完成。一方面，边缘云可以对模型进行训练，将训练好的模型部署到边缘设备或网关；另一方面，边缘云可以利用 5G/F5G 接收智能网关处理之后的结构化数据和产线设备产生的海量数据，为推理模型的训练与优化提供海量数据支持。

除此之外，边缘云还可以利用自身强大的算力执行一些安全类推理任务，例如烟雾检测、火灾检测等，通过对收集到的数据进行及时分析与处理，对这些潜在的安全问题做出预警，将危险消灭在萌芽状态，切实保证生产安全。

（3）云上协同

制造企业在本地部署的工业管理系统或者企业管理系统往往独立保存数据，容易形成“数据孤岛”，导致数据无法发挥出应有的价值。制造企业将工业系统或者应用接入云端，可以将生产管理系统迁移到边缘云，促使制造执行系统、仓储管理系统、智能货架系统等系统相互连接，使计划、生产、仓储等环节互联互通，大幅提升企业的整体产能。

4.3.3 工业视觉在 SMT 产线中的应用

在以 3C 制造为代表的精密电子制造业，企业要想保证产品生产质量，必须做好零部件质量检测。目前，很多制造企业的零部件质量检测仍采用人工检测方式，不仅检测效率低、成本高，而且经常因为质检人员漏查、漏检、检测失准等问题导致部分缺陷产品无法被检出，进而对产品生产质量造成不良影响。

随着 5G、人工智能、机器视觉等新一代信息技术快速发展，在工业生产各环节广泛应用，精密电子制造业的零部件质量检测有了新方法、新技术。具体来看，大带宽、低时延等优势推动实现了云边协同的 5G/F5G 与 AI 工业视觉相结合，企业可以在复杂纹理图像及背景的干扰下对零部件的外观进行检测，并将检测结果实时回传，为模型训练与优化提供丰富的数据支持，有效提高零部件质量检测的精准度，降低漏检、误检等事件发生的概率，为产品生产质量提供强有力的保障。

在打造基于 5G/F5G 云边协同架构的柔性智能 SMT 产线方面，中国电信与瑞斯康达将边缘计算、AI 工业视觉、基于 5G/F5G 的工业 PON 智能网关应用于 SMT 产线，创造了一个典型的应用案例。

以生产环节为例，PCB（Printed Circuit Board，印制电路板）进入 SMT 产线后，会经过锡膏印刷、SMT 贴片焊接、波峰回流焊接等流程，然后和其他零部件一起进行装配，装配后的产品经过检测与包装进入出厂环节。其实，整个生产过程要经过多次质量检测。在各个质量检测环节，SMT 产线应用了工业视觉技术，下面对各环节的视觉检测进行具体分析。

- **锡膏印刷环节的 SPI 检测**：利用 SPI（Solder Paste Inspection，锡膏检测系统）对锡膏印刷的品质进行检测，检测内容包括板锡膏的厚度、长度、截面积、体积、形状、桥接等。
- **炉前 / 炉后的 AOI 视觉检测**：利用 AOI（Automated Optical Inspection，自动光学检测）系统将印制电路板的图像与印制电路板的模板进行对比分析，发现印制电路板存在的缺陷并及时发出提醒。
- **产品装配环节的视觉检测**：利用 IPC（IP Camera，网络摄像机）对产品装配过程中的各种行为动作进行捕捉，采集相关数据，及时发现违规操作。
- **产品质量视觉检测**：利用工业相机对产品外观进行检测，发现缺陷及时发出预警，提醒工作人员进行处理。
- **产品包装的视觉检测**：利用 IPC 对产品包装进行检测，判断产品包装是否存在破损、标签粘贴的位置是否正确等。

4.3.4　基于边云协同的 SMT 柔性产线

SMT 产线各环节的工业视觉检测对检测精度以及相机参数等指标的要求各不相同，需要将不同环节的检测能力部署在不同位置，由此形成了“工厂—车间—产线”边云三级智能推理架构。

①产线级推理：SPI 与 AOI 视觉检测对检测精度的要求不高，但对数据

处理速度与效率的要求比较高。SPI 的数据处理速率要达到 300 Mbit/s，AOI 的数据处理速率要达到 600 Mbit/s，对网络带宽与数据传输时延提出了比较高的要求。为了满足这些要求，SPI 与 AOI 视觉检测要将推理能力直接部署在产线设备上，尽量避免利用网络对相关数据进行传输，属于产线类检测场景。

②车间级推理：产品质量视觉检测对图像质量的要求比较高，但对精度要求不高，可以对图像进行压缩来降低对数据传输速率的要求。在具体实践中，数据处理速率能达到 30 Mbit/s 左右即可。为此，企业可以将视觉检测能力部署在车间的工业 PON 智能网关上，由网关采集产品的图像信息，根据图像信息进行分析推理，判断产品质量。

③工厂级推理：产品装配、外包装视觉检测主要利用网络摄像机采集相关数据，对数据传输速率要求不高，只要能达到 8 ～ 10 Mbit/s 即可，但对算力提出了比较高的要求。因为网关、产线设备的算力都比较低，所以制造企业选择将这类业务的推理能力部署在边缘云，由工业网关采集图片或视频，然后利用 5G/F5G 将相关数据传输至边缘云推理平台，对相关数据进行推理分析，并将分析结果下发至产线，指导产线做出相应的调整。

（1）边端推理 + 云端训练

“工厂—车间—产线”边云三级智能推理架构有两大功能：一是可以创建一套智能化、定制化、柔性化的工业视觉检测系统，满足产品生产各环节的质量检测要求；二是可以利用边云协同促使边端推理与云端训练不断循环，打造一个智能闭环。

在边端推理方面，SPI 与 AOI 的数采系统可以采集产线设备产生的结构化数据，并将数据传输至工业 PON 智能网关。智能网关收集各级推理模块产生的结构化数据，将其与各个产线数采系统产生的数据进行整合，通过 5G/F5G 网络上传至工厂或者企业的边缘云平台。在云端训练方面，边缘云平台对接收到的数据进行处理，将工厂级推理模块产生的数据传输到边缘云视觉检测模块进行智能分析推理，并对数据进行自动化标注与增广，将对应场景的工业视觉数据整合到一起形成工业视觉数据集，利用这些数据对检测模型进行补充训练，并将训练之后的模型及时下发到边缘端完成检测模型的迭代更新。

也就是说，在 5G/F5G 边云协同架构中，工业 PON 智能网关可以借助自身的多协议数采能力采集各产线产生的结构化数据，并将这些数据实时传输至 MEC（Multi-access Edge Computing，多接入边缘计算）边缘智能平台，利用这些数据对推理模型进行周期性训练，并将训练之后的模型通过 MEC 边缘智能平台下发至网关与产线，不断重复边端推理与云端训练这个过程，形成智能闭环。

（2）智能闭环反馈 + 回馈修正

在 5G/F5G 云边协同和工业视觉检测基础上创建的柔性制造 SMT 产线具备两大功能：第一，通过各环节的视觉检测提高整条产线的智能质检能力，基于云边协同将收集到的生产数据实时回传，对推理模型进行训练，实现模型的更新迭代，提高检测结果的准确率；第二，工业 PON 智能网关根据智能检测结果生成执行指令，并将执行指令下发给 SMT 产线，创建 SMT 产线智能回馈修正系统，指导产线对印刷机、贴片机、装配 / 包装等设备进行回馈修正。

具体来看，SMT 产线的智能回馈修正系统包括以下几个部分。

- **SPI 智能回馈**：SPI 视觉检测可以判断板锡膏的厚度、尺寸、位置等信息，智能回馈修正系统可以根据这些信息计算出偏移量修正、缺陷清洁等信息，指导印刷机对偏移进行自动调整，完成擦拭钢网等操作。
- **AOI 智能回馈**：智能回馈修正系统可以根据炉前 / 炉后 AOI 视觉检测的结果计算出贴片偏移量修正结果，发现印制电路板存在的缺陷，并将相关信息反馈给贴片机，指导贴片机进行自动修正，保证产品质量，降低产品的不合格率。
- **不良品自动分拣**：智能回馈修正系统可以根据产线装配、成品测试、包装等环节的视觉检测结果发现不合格产品，并将不合格产品自动分流到维修区，由相关设备对产品进行处理。

05

第 5 章 智能工厂物流规划

5.1 智能工厂物流系统规划的关键步骤

5.1.1 第一步：需求梳理阶段

智能工厂订单交付一般涉及客户或消费者发起需求、供应生产和物流等环节，而物流实际上是指产品或物料经过入厂物流、检验存储、物料齐套、工位配送、成品入库、存储、发运等步骤在供应商、生产商等主体之间流动，最终到达客户端的过程。

智能工厂要实现真正的智能制造，生产过程中的智能物流至关重要。在规划构建智能工厂时，要避免生产过程中对生产材料的无效移动。针对这一点，许多制造工厂直接在生产车间的装配区域设置分拣区（Kitting Area），按照不同的订单需求进行集中式装配，还会利用 DPS 来加快拣货速度，快速地将货品送至装配的生产线，在很大程度上优化了装配流程。

对于制造企业来说，工业机器人以及带有导轨的桁架式机械手可以在其邻近的生产工序之间发挥运送生产物料的效用，当然，也可以通过悬挂的输送链或者 AGV、RGV（Rail Guided Vehicle，有轨制导小车）等工具实现生产工序间的物料传输。智能生产和智能物流是智能化技术在生产、物流环节融合应用的产物，二者都是智能工厂的重要组成部分，是相互促进、密不可分的。智能物流体系连通了供应商、生产商与客户，为订单交付全流程提供了有力支撑；该体系囊括了智能生产设施、生产系统，在生产物料调配、产品入库等方面发挥着作用。

在价值链运营环境下，智能生产与智能物流的融合有助于推动实现“制造工厂物流中心化”，促进价值链、产业链的整合。而物流作为智能工厂的核心要素之一，管理者进行工厂规划、工厂运营等管理活动时，都要将供应链交付和物流情况纳入考量的范围，“大交付、大物流、小生产”的运营理念在制造业中得到了普遍认同。智能工厂物流规划是物流作业高效运行的基础，也是实践上述先进运营理念的前提。在进行规划时，我们一般要遵循以下步骤：需求梳理、概念设计、初步规划、详细规划、方案验证和实施落地。下面将对落地实施前的各个环节进行介绍。

首先，梳理物流需求时可以采用问卷调查、现场调研、人员访谈、会议讨论、数据收集、现有文件审查等方法。其中，问卷调查或访谈的对象不仅限于物流部门，而应着眼于整个生产运营体系，充分了解不同部门对物流环节的看法和需求。同时，在收集数据时，为了保证数据的有效性，对信息采集表格的设计要遵循一定的内在逻辑，涉及的数据类型应定义清晰，同时有明确的覆盖范围和周期。

需求梳理是物流规划的基础。规划团队在了解当前运营现状、获取有效数据支撑的同时，还需要以假设为导向，提出对未来智能工厂形态的合理构想，将其传达给物流环节参与者或调查对象，以获得更广泛、具体的需求信息或建议。然后基于实际业务情况、存在的痛点问题和不同需求的内在逻辑联系，对物流需求进行整合规划，最终形成准确、系统、前瞻性的物流需求报告。

5.1.2 第二步：概念设计阶段

需求梳理完成后，即可着手进行智能工厂物流概念设计，该环节的目的是对基于企业特性的智能工厂物流进行定义，确定其基本发展方向，为后续的物流规划工作奠定基础。以物流为主线的智能工厂概念设计模型如图5-1所示。

进行概念设计时需要参考的要素如下：

- **从工厂建设方面看：**包括智能工厂的建设目标、战略及价值导向；产品及工艺特征；产能、产线节拍、劳动生产率等基础条件。
- **从行业发展角度看：**包括行业内外最佳实践案例、行业发展瓶颈、行业竞争力要求及要点等。

- **从物流产业发展趋势看：** 包括智能物流发展概念、智能物流技术应用前沿或技术瓶颈、智能物流创意需求等。

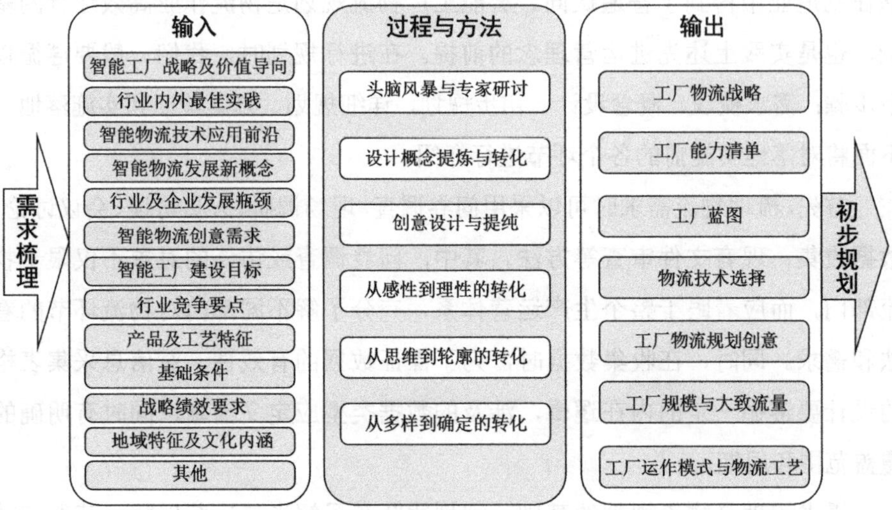

图 5-1 以物流为主线的智能工厂概念设计模型

在概念设计阶段，经过专家调研、会议讨论等过程，可以输出的主要内容如下：

①工厂物流战略：结合生产目标、未来企业发展规划等制定工厂物流战略，战略的具体内容应该包括绩效量化指标、可操作的中长期规划等。

②工厂能力清单：即列出构想中的智能工厂需要具备哪些能力，例如支持小批量定制化生产订单、快速响应订单需求、辅助生产计划排期、根据实际效能组织柔性生产、有显著的自动化数字化特征等。

③工厂蓝图：以可视化的方式体现出工厂结构、形态、运行方式等外在特征。一般来说，工厂蓝图主要涉及基建、产品、制造、物流、信息等五个维度。从基建维度看，其蓝图包含园区建筑物的布局、类型、数量，具体有厂房、仓库、员工宿舍及相关配套设施等；从物流维度看，其规划蓝图中可以体现园区物流大致流向、工厂物流整体运作逻辑和物流能力的成长路径等。

④物流技术选择：管理者应该基于生产痛点、关键环节或特定物流需求等因素选择物流技术，例如堆垛机立体库可以用于物料托盘件的处理，成品

下线及转运通常采用皮带输送线，部分食品、药品则通过冷链运输等。需要注意的是，针对同一环节可能需要输出多种物流技术。

⑤工厂物流规划创意：即工厂物流规划中的创意点、突破点。例如，可以将物流运输车的停放位置设定在入库/出库输送线末端，便于自动运输作业。另外，可以采用柔性化的托盘设计，灵活改变托盘尺寸，实现对尺寸不规则的托盘类货物的兼容存储。需要注意的是，物流规划创意不是天马行空，要确保其贴合实际需求。

⑥工厂规模与大致流量：工厂规模与产能、物流流量有一定的相关性，可以根据计划建造的产线规模和产能情况（包括月度峰值产能、周期内均值产能、年产能等）大致计算出流量需求，同时将其匹配到对应环节，包括工序间的流量、主要运输通路流量、建筑物间的流量等。

⑦工厂运作模式与物流工艺：这一要素是在确定工厂的战略定位及价值导向的基础上输出的。不同的工厂运作模式意味着运作导向不同，例如侧重信息集成与互联的差异化自动运营，或是以订单交付效率为导向的运营管理。物流工艺则包括从原料供给到成品转化、配送等环节所使用的大致方法和技术。

智能工厂物流概念设计是一个将模糊设想转化为具体的、可视化的设计方案的过程，在制定物流战略、规划设计蓝图、选择物流技术及确定工厂运营模式等环节中，可以进一步明确目标和关键需求，为物流规划奠定基础。

5.1.3 第三步：初步规划阶段

智能工厂物流初步规划阶段的主要任务是：基于能够支撑工厂建设的现实条件，将概念设计中的智能工厂物流转化为合理的、可行的物流规划方案。在转化过程中，企业需要参考的内容除了概念设计方案以外，还有地块属性特征、地方政策文件、产品特点及生产工艺、物流技术、物流量、运营指标、规划原则或其他约束条件等。

进行具体规划时，可以采用PFEP（Plan For Every Part，为每一部分做详细计划）规划法，并结合对生产和物流的流量测算数据、物流资源需求量以及数字化物流模型等信息，确保计划的可行性。图 5-2 为以物流为主线的智能工厂初步规划模型。

图 5-2　以物流为主线的智能工厂初步规划模型

初步规划阶段可以输出的内容主要有：

（1）厂区物流布局方案

在厂区物流布局方案中，可以对园区的道路、卸货区域、建筑形态（如面积、结构）、绿化环境和员工生活所需的基本配套设施做出规划。在规划食堂、宿舍、停车场等生活配套设施时，需要遵循人文关怀的原则，例如在厂房和生活区之间铺设连廊等，避免员工在通勤的路上日晒雨淋。

（2）工厂功能区域布局方案

工厂功能区域主要包括生产区域和物流区域两个部分。生产区域即是指开展加工制造活动的区域，具体可以分为前加工、组装、包装等功能区。物流区域涉及的作业活动包括原料、物料的收货、存储、转运，制成品的出入库、存储与转运等，对物流区域进行合理分区有利于提升物流效率。同时，由于企业生产模式、生产规模和管理模式存在差异，物流区域与生产区域可能是交错分布的，二者连为一个整体，也可以是相互独立排布，分别管理。

（3）辅助区域布局方案

辅助区域可以分为建筑物内部的辅助区和园区辅助区。前者主要是指茶水间、洗手间、办公室等辅助设施；园区的辅助区功能则更为多样，例如：

- **危险品仓或气站：**包括气瓶间、溶剂室等；
- **电站与通信基站：**包括空压机房、低压变电站、高压变电站、天线基站等；
- **安防设施：**围墙、监控室、门卫岗、消防控制室等；
- **环境设施：**工业垃圾站、污水处理站、废料回收房等。

（4）物流能力与资源初步配置

将物流能力与各环节所需的物流资源进行匹配，进行初步测算规划。规划内容包括物料或产品的存储方式、不同功能的物流分区及面积、料箱件立体库所需库位数、配送方式及配送车辆和设备的配置、整个物流过程所需设施的数量及种类等。

（5）物流参数初步定义

对物流参数的初步定义涉及两个方面，一是定义相关建筑参数，建筑的形式、面积、层高、载荷、防火分区等；二是定义物流设施参数，需要确定各环节所需物流设施的类型及数量，例如在制成品入库的环节，可以配置潜伏式AGV，AGV的数量可以根据产能、产品特性、入库距离等因素进行测算。

总之，初步规划的过程，是一个以多目标为导向、融合多方面信息、利用多种规则和约束条件获取最优解的复杂过程，不同行业、不同地区、不同企业、不同战略等资源条件下的企业，做出的规划方案可能有巨大差异。因此，初步规划不能简单地套用数学算法模型，而是要在数学模型思想的指导下，针对具体的问题进行差异化的分析和求解，以获得符合客观条件与需求的、合理的初步布局方案，然后通过多个方案对比，权衡利弊，评估选出最优方案。

未经系统规划而草率制定的方案是不可取的，如果方案制定者不明确各领域或各环节的约束条件，求解方式就会越发散，这增加了做出无效判断、无效决策和无效规划的风险，可能导致成本增加。因此，在初步规划阶段，应该尽可能输入详细而全面的条件，为方案求解提供有效约束，确保规划处于正确的方向上。

5.1.4　第四步：详细规划阶段

做出初步规划以后，就可以在此基础上完善、改进，制定出详细的规划方案。这一阶段需要参考或输入的信息包括初步规划方案、PFEP 方案、物流运营逻辑、智能制造参数、详细物流参数、关键环节聚焦和人文要求等。

通过梳理运营流程，PFEP 细化设计，研究、选择和应用合适的技术（包括智能化工厂所需的信息技术、物流技术等），细化相关参数等方式，制定出详细的规划方案。与初步规划方案相比，该方案完善了各种细节问题，是后续落实、执行的重要依据。以物流为主线的智能工厂详细规划模型如图 5-3 所示。

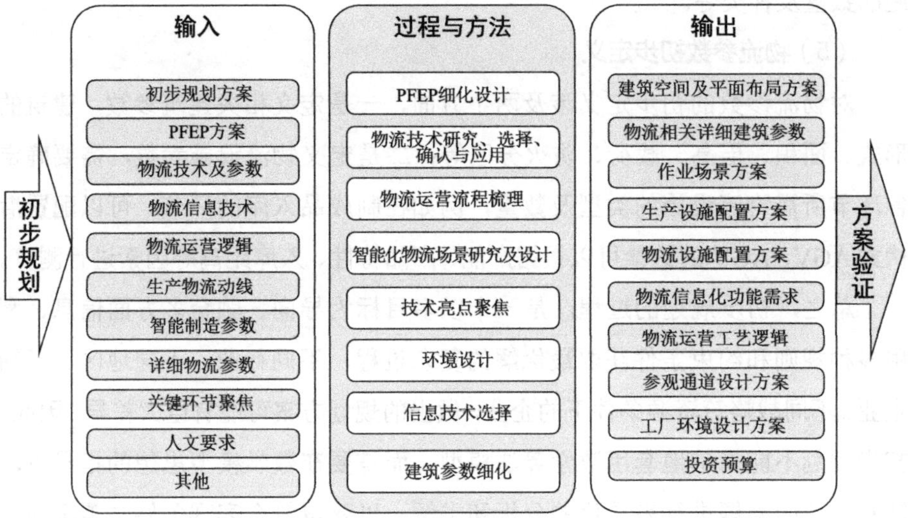

图 5-3　以物流为主线的智能工厂详细规划模型

智能工厂物流系统详细规划方案涉及多个方面的内容，以下从场景和环境、作业设施部署、信息化支撑、运营与管理等方面进行介绍。

（1）场景和环境

智能工厂物流系统场景和环境规划的具体内容包括：

- **空间布局方案**：规划中应呈现出建筑空间利用情况和平面布局的详细方案。具体包括收发货区、物料存储区、半成品区、备品备件区、不良品区、成品区等区域的划分情况，各环节的物流动线、人员动线和线边工位对接形式，以及相关货物和设备的摆放方式等。

- **详细参数方案**：关于建筑、设施布置的参数可以为设计院施工设计提供参考，其中包括了加强筋距离、水平度、不均匀沉降等立体库建筑参数，以及设备吊装口、物流设备开孔尺寸、防火卷帘尺寸、电梯数量和空间尺寸等。
- **作业场景方案**：作业场景需要与生产、物流流程匹配。根据入厂物流、生产物流、成品物流等物流环节布置物流方向，促进卸货、存储、调配等环节高效衔接。此外，还要根据需求设置茶水间、消毒间等区域。

（2）作业设施部署

智能工厂物流系统作业设施部署的具体内容包括：

- **生产设施配置方案**：主要涉及对生产工艺及相关生产设施的选择，包括设备类型、设备数量及部署方式等。
- **物流设施配置方案**：包括覆盖各生产环节及产品配送的物流技术和与之配套的物流设备的种类、数量等。

（3）信息化支撑

根据智能化的生产作业方案和运营逻辑，智能工厂中必然存在大量的信息化需求，因此要构建物流系统信息化整体框架，并明确入厂物流、物料配送、成品物流、仓库管理等各环节具体的信息化功能需求，确定不同设备间的通信接口类型，明确总控制台、设备终端等系统的输入、输出信息。

（4）运营与管理

智能工厂物流系统运营与管理规划的具体内容包括：

- **物流运营工艺逻辑**：规划出清晰的物流全流程运作逻辑，涉及的流程包括到货、卸货、检验、拣选、入库、存储、成品入库及出库、发运配送等；同时，对库存周期、物料包装等作出明确规定。
- **投资预算**：成本预算或投资预算是制约物流规划的重要因素，规划团队可以参考国内主流物流设备供应商的报价，了解合理的价格区间，再结合企业规模、营收能力等条件调整规划方案，最终做出准确、详细的物流设施投资预算。

- **参观通道设计方案：** 基于接待外部考察团队、学习团队的需要，可以有针对性地规划参观通道。

在详细规划阶段，不仅要梳理各生产要素、整合可用资源，还要在此基础上对生产物流动线、物流区域、成品物流动线、零部件及物料调配等方面进行详细设计，设计时要遵循“三个一”原则，即将规划细节具体到“每一平方米、每一个物料和每一个工位”。同时，还要协同各环节参与部门共同确定每一个节点的详细运行规则及物流设备的技术参数标准，从而进一步完善物流详细规划。

另外，在物流详细规划阶段还要充分考虑各环节、要素衔接的流畅性，包括建筑不同功能分区的连接、制造设备的连接、物流设备的连接、配套设施的连接以及计划、执行、运营流程的连接，另外企业与供应商、物流公司、主机厂、客户等参与主体的连接也要考虑，在此基础上实现智能工厂场景下人、机、料、法、环全要素的高效协同。

5.1.5 第五步：方案验证阶段

形成详细的规划方案后，还要对方案的科学性、可行性进行验证，以及时调整、优化方案，排除其中的隐蔽风险。构建仿真模型是一种有效的验证手段。我们可以建立包含物流作业场景和设施的工厂物流系统仿真模型，通过多样化的参数设定，对模型进行测试分析，评估系统在不同参数状态下的运行效率，从而帮助规划团队发现物流系统实施过程中可能存在的问题，辅助优化方案。

对工厂物流系统的仿真，根据应用场景的不同，主要可以分为虚拟现实流程动画仿真、基于离散事件的物流系统数据仿真和物流系统运营仿真三种形式。在智能物流规划阶段，前两种方法的应用较为广泛。

（1）虚拟现实流程动画仿真

虚拟现实流程动画仿真可以通过虚拟三维模型准确呈现出物流运作场景，包括各种生产线设备、物流设施的相对空间位置关系，为规划人员提供工厂作业场景的直观感受。该方法主要用于物理空间规划方案的验证和对外宣传介绍等。

依托于三维建模技术，规划人员可以构建包括各物流环节和自动化物流系统的 1 ∶ 1 的三维场景模型，并根据系统运行流程和约束条件赋予三维模型动态的逻辑关系，实现对物流全流程（包括供应商到货处理、生产物料调配、成品发运等）的直观展示，从而加深对物流规划方案的认识，通过对物流作业系统和场景的立体感知，寻找系统运行流程或逻辑方面的问题。

（2）基于离散事件的物流系统数据仿真

基于离散事件的物流系统数据仿真方法，可以辅助研究该物流系统在多种约束条件下的运行情况，例如设备负荷、系统运算效率和系统综合产出等。该方法为生产线平衡、生产调度、生产系统布局、物料配送、物流系统等方面的验证优化提供了重要支撑。

基于离散事件的物流系统数据仿真要以清晰的物流系统结构和流程为基础，通过将系统结构转化为数学描述并建立数学模型，然后引入运算参数进行计算分析，实现对物流系统运行情况的仿真模拟。该方法可以输出较为准确的关于物料流转、存储等环节的系统性能量化数据，从而辅助规划人员对物流动线、物流设备利用率等方案规划的合理性进行评估判断。

（3）物流系统运营仿真

物流系统运营仿真主要是在信息化生产物流系统的基础上引入工厂运营基础数据，对系统的运行状态进行分析。例如，通过运营数据验证信息系统中逻辑算法的合理性或可行性，基于各项运营数据评估排程计划的可行性等。

物流系统运营仿真是以运作计划为支撑的。在运营仿真实施前，需要建立准确的、涵盖工厂生产全流程的模型，然后利用 APS 等排程系统驱动模型运行。其中，可以以 MES 等生产制造执行系统作为约束条件，或插入临时性动态调度策略，然后查看仿真模型的运行情况是否符合预期，并对问题点进行优化。这一验证方法不仅可以应用在规划阶段，在实际的运行过程中也可以应用，工作人员可以根据运营需求提取部分仿真模型，有针对性地进行推演、计算，从而预测某一决策指导下的生产物流运作情况。

5.2 智慧物流的关键技术与应用场景

5.2.1 人机共智：智慧物流的终极目标

伴随着人工智能技术的发展与成熟，物流过程的可视化和自动化水平越来越高，传统物流业正逐步向智慧物流业转型。纵观整个物流行业，物流过程的智能化、物流管理的系统化将是发展的必然趋势。

进入数字化时代以来，用户的需求呈现出多样化、个性化、定制化的特点，这给整个物流行业带来了巨大挑战。为了应对挑战，物流行业涌现出很多新技术，包括物流自动化、物流机器人、AI决策等，贯穿仓储、配送等各个环节。数字孪生等新兴技术在物流行业的应用，则进一步提高了物流系统及物流管理的智能化水平，促使物流系统各要素实现了有机融合，推动物流行业掀起一场数字革命。

互联网技术在物流行业里的应用，使得智慧物流呈现出智能化、多样化、整体化和社会化的多重特点：

- **智能化**：智能化是智慧物流的典型特征，也是现代物流超越传统物流的关键所在。随着智能化对物流过程的不断渗透，物流行业将呈现出更多新特点。
- **多样化**：智慧物流既能丰富客户的需求选择，又可以满足客户的多元化需要。
- **整体化**：智慧物流活动具有系统化特征，能够密切关联物流活动的各个环节，可以节约物流企业的运营成本，提高物流从业人员的服务水平。
- **社会化**：智慧物流对社会发展具有带动作用，有利于加快经济全球化的发展进程。

无论德国的“工业4.0”，还是我国的“中国制造2025”，都需要打造一个柔性化的物流系统。因为只有柔性化才能满足个性化且多变的市场需求，才能降低物流成本。在从粗放增长转向集约化发展的年代，整个物流行业都亟须实现智能化转型与升级，从物流设备到物流管理体系都要向着智慧化、智能化的方向不断发展。

一个完整的智慧物流系统主要由两部分构成：一部分是参与管理和生产的人；一部分是参与物流管理的自动化与智能化系统和装备，包括物流信息系统、AMR（Autonomous Mobile Robot，自主移动机器人）、立体库等。通过人与智慧系统的融合与协作，能够构建一个目标统一的利益共同体，在降低物流成本的同时提高物流效率，实现物流行业开展数字革命的最终目标。为实现人机协同与联动，物流行业必须打通人机认知与决策体系，具体包括以下两个方面，如图 5-4 所示。

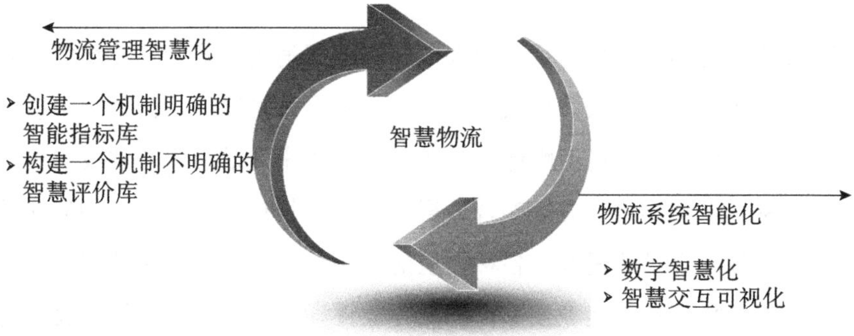

图 5-4　智慧物流的主要内涵

（1）物流管理智慧化

物流管理智慧化指的是将物流管理的成功经验数字化，实现人与系统的知识经验相互协同。物流管理智慧化包含两个层面的内容：

- **创建一个机制明确的智能指标库：** 抽取一些行业通用指标，例如周转率、人效、坪效等，形成物流管理智能指标库。
- **构建一个机制不明确的智慧评价库：** 总结管理人员的经验以及可能对整个物流行业或者局部系统目标造成影响的关键因素。

这两个指标库共同构成了物流管理智慧化、数字化的基础。

（2）物流系统智能化

物流系统智慧化指的是从数字智慧化和智慧交互可视化两个层面对传统

物流智能执行装备与系统进行改造：

- **数字智慧化**：即以数字化、物联网化的系统为基础，将各类数据集中在可视化仿真体上，在仿真环境下，与多个仿真体或者业务系统、人员进行推演，通过对数据进行整合、清洗，挖掘出未来可以应对各种未知情况的关键数据，并通过价值挖掘获取可能对目标造成影响的未知要素。
- **智慧交互可视化**：将物流系统的实时状态及可能呈现的状态，以可视化、交互化、分层化的方式展现出来。

5.2.2 无人配送的关键技术与应用

随着社会的不断进步，设备和人口红利逐渐消失，各行各业均面临着转型的机遇和挑战。近年来，以人工智能、大数据、物联网、云计算等技术为代表的新一代信息技术迅速崛起，为各行各业带来了前所未有的发展机遇。新一代信息技术与物流行业的融合使得物流信息规模迅速增大，物流业的信息化、智能化水平迅速提升，各种类型的物流公共信息平台不断涌现，一系列先进的新兴物流技术迅速发展，物流行业逐渐由传统物流向智慧物流升级转型。

近年来，一些国内外领先的物流企业凭借自身敏锐的市场洞察力和雄厚的资金、技术实力，结合电商的发展情况和实际商业应用场景，率先开始了智慧物流相关技术的探索、研发和实践。其中，无人配送技术被看作物流行业中最具应用前景、最必不可少的技术，并且许多业界人士认为，无人化的物流配送是最有可能实现新一代信息技术落地的场景，也是最有可能实现实际运营的场景。

近几年，京东不断加大在自有物流领域的技术投入，持续利用大数据、物联网、人工智能等技术为物流各个环节（包括仓储环节、分拣环节、运输环节、配送环节等）赋能，并通过技术和数据加强各个环节的连接和交互，提升物流效率，同时加强无人化配送工具（如无人配送机器人、无人机、无人货车等）

的运用，力求在智慧物流方面实现稳步发展。

配送是物流的最后一个环节，也是直接对接客户的环节，这个环节的工作量大、工作环境复杂且具有极强的不确定性。为提升配送效率和客户体验，京东利用配送机器人来完成部分配送工作。一方面，京东配送机器人具备性能强大且齐全的硬件设备，依托这些设备和先进技术，京东配送机器人能够实现场景感知、数据分析、智能决策、精准执行等功能；另一方面，京东具有相对完善的物流体系，实际应用场景十分丰富，这为京东配送机器人提供了海量实践和学习的机会，并在实践中不断调整优化，从而不断优化自身的性能、提升配送效率。

可以说，京东配送机器人是京东智慧物流发展的独特优势，在很大程度上提升了京东的竞争实力。京东配送机器人借助大数据、人工智能、跟踪定位等相关技术对海量收货地址信息进行整合分析，自主制定最优配送路线，并根据实际情况实时调整优化。在此基础上，收货人能够通过京东App、手机短信等方式实时掌握货物配送信息，并可以通过点击链接、在配送机器人上输入取货码、扫描二维码、刷脸、使用语音等方式灵活提取包裹。

（1）高精度地图数据

在物流业的发展历程中，地图数据具有不容忽视的价值。近几年，随着移动互联网的不断进步和广泛应用，地图行业实现了从纸质化向电子化的跨越，手机地图、手机导航等应用软件层出不穷，并且伴随技术的进步，各类软件的性能不断增强，精准度持续提高，地图数据格式的标准也在逐渐统一。不过，传统地图无论怎样发展或改变，都是立足于人类认知的，以方便人类查看和使用为目的。

对自动驾驶而言，这种传统地图并不适用。自动驾驶需要一种高精度、多要素、高“鲜”度的地图工具，可以帮助汽车实现环境感知和判断、决策制定和执行等功能。在这一需求推动下，高精度地图诞生，它是完全面向机器人的地图，在制作工艺、数据获取方式、数据内容、信息传达、工作机理等方面都与传统地图有很大的差异。

例如，在数据获取方面，传统地图通常采用卫星图匹配、全站仪等方式批量采集数据，数据精度最高在米级，而高精度地图通常借助激光点云数据扫描系统进行采集，或者通过对其他高精度感应装置的数据加工完成数据采集，数据精度可以达到厘米级，能够更好地满足自动驾驶的精度需求，保障汽车行驶的安全性和稳定性。

（2）高精度导航行动指引

在无人配送场景下，无人配送车会配备高精度传感器，这些传感器通过车载物联网与高精度导航系统进行信息交流。在具体实践中，高精度导航系统会向无人配送车发送导航关键地点的信息，并提供合适的路线规划，同时会对车载传感器上传的信息进行实时分析，以掌握车辆的实时位置，从而实现对无人配送车的实时引导，避免车辆偏离预定路线，提升配送效率。

此外，随着人们的物流配送要求越来越高，无人配送车的业务场景也逐渐从室外配送扩展至室内配送，精细化程度日益攀升，因此，室内导航技术也迎来了发展和应用的广阔空间。

（3）智能路径规划

无人配送车的核心任务是将货物配送到用户手中，在这个过程中，高精度地图系统需要结合配送范围内用户的订单详细信息（包括收货地址和货物属性信息等）、配送范围内道路情况、天气等多种因素来制订科学高效的导航路径规划，实现高效的无人配送。规划主要涉及以下3项内容。

①地址解析：这个过程是对订单的地址信息进行解析，将其转化为地图上具体空间位置的经纬度信息，无人配送车可以根据解析后的地址信息进行配送路径规划。目前，很多地图数据服务商都会提供地理编码服务（Geocoding Service），以完成地址解析。

②到达点分析：到达点即最终交付货物的具体地点，是在地址解析的基础上进行精细化的分析和定位，最终得到配送车可以进入或停靠的精准位置信息。例如，住宅楼的楼宇单元门口、商业大厦门口等都可以作为到达点。

③多点配送：多点配送是指以客户取货地为中心向周边扩散，实现周边和沿途多个地点的货物配送，多点配送场景可以大幅提升配送效率。但需要注意的是，无人配送车在进行多点配送时，需要综合考虑自身货舱容量、周边或沿途道路情况、配送耗时等因素，基于最短路径或最短耗时原则来制定

最佳的多点配送方案。

高精度地图数据与自动驾驶之间存在着密不可分的关联，二者相互影响、相互成就。一方面，全面且详细的高精度地图数据是自动驾驶落地的基础支撑，也是指引无人车行动的关键要素；另一方面，无人车行驶过程中又会不断产生新的数据，各类车载传感器可以实时感知并收集海量行驶状态数据和道路情况数据，从而实现高精度地图数据的进一步扩充，使得地图数据更加全面，再作用于自动驾驶，进一步提升自动驾驶的可靠性、稳定性和安全性，形成一个优化闭环。通常，这种通过实时采集车辆行驶数据来更新地图数据的方式被称为“众包式”数据更新，截至目前，自动驾驶领域地图的更新主要就是依靠这种方式。

5.2.3　基于 IoT 的智慧物流系统

信息技术水平的提高，使得物流行业的发展速度越来越快，加上国家对物流行业的重视程度越来越高，智慧物流业对传统物流业的革新已是大势所趋。在与智慧物流相关的新兴技术中，物联网技术（Internet of Things，IoT）的价值不容小觑，因此我们有必要深入分析物联网技术对物流产业的变革作用，探究 IoT 如何帮助物流企业降低生产成本、提高服务质量。

诞生于互联网技术基础之上的物联网技术，融合了网络通信技术、红外遥感技术、智能运算技术以及射频识别技术等，是实现物与物之间相互连通的综合性网络技术。作为大型社会信息系统存在的物联网，是由感知层、网络层和应用层共同构成的。其中，感知层包括 RFID 射频识别标签和识别码等，网络层是信号传输的载体，应用层是分析处理传输数据并做出合理化决策的基础。物联网实现了物与物、物与人之间的有机结合，有助于物流管理的不断完善与丰富。

物流配送环节会直接影响客户体验，这是因为在这个环节，物流配送人员需要与客户面对面接触，其服务态度与服务质量会给客户留下直观的印象。因此，物流企业为了提高信息采集能力与交互能力、满足客户实时查询物流信息的需求、在保证货物配送时效的同时保证货物安全，开始引入物联网技术构建配送管理系统，利用RFID、无线传感等技术实现货物的自动分拣与配送，用无人化配送代替传统的人工配送，以切实提高配送效率。同时，依托先进的技术和设备，配送环节产生的各类信息都可以及时上传到物联网信息共享平台，支持用户实时查询货物的运输状态与配送状态，让用户享受到更优质的物流配送服务。

以物联网为技术基础的智慧物流系统主要包括三大关键内容，如图5-5所示。

图5-5　基于IoT的智慧物流系统的关键内容

①物流信息采集：智慧物流系统中融合了RFID、GPS、传感器、车载识别、无线通信等多种新兴技术，能够利用这些先进的技术手段采集货物在物流配送过程中的各项相关信息，掌握货物、车辆、人员等方面的实际情况，从而合理地调配运输车辆和人员。

②数据流：智慧物流系统中的数据流能够利用互联网、卫星通信和移动通信等信息通信网络将运输距离、运输路况、货物储位、配送车辆、货物实时位置、货物储运温度、货物储运湿度、货物承受压力、货物的RFID电子标签动态信息等动态数据及货物规格、货物特性、货物库存总量、运输车辆总量、运输车辆规格等静态数据传输至云计算数据中心，并由云计算数据中心对各项数据信息进行分析，从而为仓储和运输环节的高效管理提供数据和信息支撑。

③物流与资金流：智慧物流系统中的物流与资金流具备车辆实时定位、运输物品监控、车辆与人员在线调度、货物配送可视化管理等诸多功能，能够有效提高物流配送各环节的智能化和自动化程度，同时也能利用大数据分

析技术对货物及客户的各项相关信息进行全面深入的分析，以便充分掌握货物特性、货物规格、客户需求等信息，进而高效生成最佳配送方案与配送路线，达到提高物流配送效率和降低物流成本的目的。

5.2.4　物联网物流发展的问题与对策

物联网技术应用于物流领域，能够有效提升物流流程的数字化程度和物流管理的智能化水平。但作为一项新兴技术，物联网与物流的融合也面临一些问题。

（1）物联网物流发展面临的问题

①物联网与物流的结合不是一蹴而就的。物联网技术下的智慧物流起步晚，现在还处于初步发展阶段，而且相关的法律制度还不是非常健全，行业内没有统一的制度规范，对于物流企业来说这是一个不能忽略的风险点。因此，要实现物流企业运作效益的最大化，物联网和智慧物流需要经过一个很长时间的磨合期。

②物联网技术的可靠性有待提升。信息管理是物流管理的关键组成部分。依托于现代通信技术的物联网技术，需要将无线智能网络同无线通信技术相结合。虽然现在的宽带与多媒体通信技术已经比较成熟，但与物联网技术结合的可靠性还有待加强。此外，物联网技术对信息的误读，会给整个物流活动造成难以弥补的巨大影响。

③物联网技术的应用缺乏专业人员的指导。物联网时代的全面来临，使得智慧物流的发展更加完备。但是，由于物联网技术的专业性强，其应用需要专业技术人员的有效指导。

（2）物联网物流的发展对策

①建立统一共享的物流信息系统。为了保证物流活动顺利开展，企业必须建立标准统一、数据共享的物流信息系统。智能化的物流信息体系在运作过程中要将获取的信息通过网络传输给数据中心，数据中心据此做出控制和判断并对系统进行实时调整。然而，在互联网时代，智慧物流所处的环境日新月异，明确统一的标准尚未建立。

统一化标准的建立是智慧物流发展过程中非常重要的环节，就好像相同的商品在不同的联网系统中，由于编码不同会产生物流传递障碍，保证商品正常流通的前提是建立统一的物联网平台。统一规范的标准体系，有助于智慧物流的常规化发展，建立统一共享的物流信息系统可以从根本上解决信息孤岛问题。

②提升智能化管理水平。伴随物联网技术的逐渐成熟，标准化物流体系逐步建立，整个物流供应链条将更加透明，物流管理的智慧化程度也将显著提升。互联网技术的发展促使物流管理实现了自动化和智能化，涵盖了合理化运输、自动化存储、标准化包装、机械化装卸、网络化管理和一体化配送的智能化管理体系，既能够改造传统物流产业的运作模式，又有利于提高现代物流企业的经营效益，在降低企业用工成本的同时，使得商品的流通更加稳定。

③信息共享促进物流社会化。在互联网无线通信技术的支持下，物联网构造出了一个万物互联的网络世界。通过 RFID 射频识别技术，物与物之间可以实现信息共享；利用物联网技术，智慧物流可以实时控制整个物流供应链条。由于物与物之间的时空界限不复存在，物流配送变得高效稳定，如此一来，物流逐渐渗透到人们的经济社会生活中。此外，在物联网技术的作用下，智慧物流提高了国际物流的运转速度与效率，使物流资源实现了科学配置。

5.2.5 智能工厂物流系统的未来展望

智慧物流将智能硬件、AI、物联网等技术嵌入相关物流活动，集智能分析决策和智能执行能力于一体，实现了物品流与信息流的高效运转，能够有效地提高物流运转效率、降低物流所需成本。

目前，全球工业发展正迈入 4.0 时代，客户的需求越来越个性化，相关产品的生命周期也逐渐缩短。物流数据、物流云和物流技术是智慧物流的需求热点，根据相关信息，我们可以总结得出信息化、标准化和智能化是物流产业的三大趋势，如图 5-6 所示。在智慧物流领域，部分新兴技术已经与物流系统融合，比如 RFID、机器人、TMS、WMS 和快递柜等；而像无人卡车、无人机及较为复杂的人工智能等依旧处于研发测试阶段，在未来智慧物流的发展中将发挥巨大的作用。

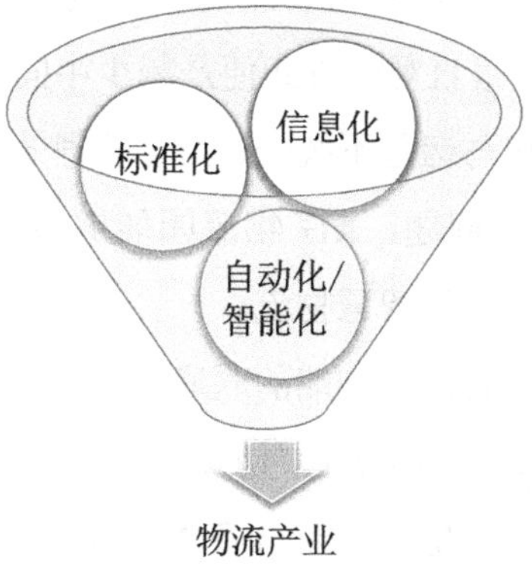

图 5-6　物流产业的三大趋势

（1）信息化

物流信息是指与物流活动有关的一切信息，比如商品的包装、运输、储存和装卸。常见的商品交易活动和市场、物流活动本身都是物流信息的来源。因此，狭义上的物流信息可以理解为物流活动（商品包装、运输、储存、装卸、流通和加工等）本身的信息；广义上来说，物流信息还包括市场信息和商品交易信息，如销售和购买信息、订货接货信息、发货收货信息等。

智慧物流依赖信息技术，是一个现代综合性物流管理系统。与传统物流感知物流信息的方式有所不同的是，智慧物流主动通过智能化收集、集成、处理物流各个环节（采购、运输、仓储、包装、装卸搬运、流通加工、配送）的信息，全方面掌握和分析数据，从而实现物流系统数据的及时更新和系统的迭代优化。

如何利用物流数据来提高物流效率，是物流行业普遍面临的问题。首先，要采集物流各环节的数据，必须依赖大量的基础设施，将其所产生和收集到的信息和数据进行数字化，并不断累积形成强大的数据库。

①车货匹配平台，降低车辆空驶率。传统的车货匹配方式灵活性差、费时耗力，主要通过类似配货站、公路港、物流园区等线下实体进行相关信息的发布和售卖。互联网的介入打破了传统局面，形成了虚拟车货匹配平台，以互联网为支撑，通过物流 App、Web 或其他途径进行开发，整合线下的车源、

货源相关信息，实时发布和更新，进行精准匹配，尽量避免物流信息的不对称，控制空驶率和等待时间，降低能源消耗，减少碳排放。

② AI+ 物流园，智慧互联助力物流畅通无阻。基于物流端到端的服务特性，想要提高物流效率，最直观的方式便是减少中间环节的耗时。长期以来，传统物流园具有数据管理与运营不统一、泊位管理效率低下、出入程序烦琐、能耗管理自动化水平低等问题，AI+ 物流园能够很好地解决相关问题，打造自动化、高效率、快速便捷的智慧物流。

智慧物流园打通传统物流端到端的联通环节，实现了仓储管理的智能化、温度的控制与监管、空余泊位的分配，切实助力物流公司提高效率、降低成本。而且，智能物流运营中心能够收集整合各类数据，通过 AI 进行预处理和大数据分析，最终实现分布式的智慧应用。

（2）标准化

物流信息标准化将上下游及供应链之间的断点打通后再连接。贯彻物流信息标准化，能够协助公司快速建立上下游之间及时、透明的信息传递、共享机制，从源头找原因，解决和避免上下游物流活动中操作重复、错误率高、可靠度低等痛点，提升供应链整体运行效率。

智慧物流信息标准化是一套完整的体系，主要考察基础标准、管理标准、单项标准、技术标准及工作标准等。具体需要进行标准化的信息包括物流信息采集标准化、物流术语标准化、物流物品分类标准化及各个网络环节的网络标准化。

（3）自动化 / 智能化

由于传统物流行业的各个环节都需要大量的劳动力，所以将其定性为劳动密集型产业。随着时代的发展，中国的人口红利正逐渐消失，劳动力成本也不断上涨，激烈的市场竞争对相关企业自动化、无人化和智能化技术的发展提出了新的要求，这既是机遇，也是挑战。目前，将这些技术实践应用、进行落地的企业主要包括平台型企业、传统物流公司和新兴创业企业。以人工智能为支撑点，进行运输工具最优行进路线和驾驶模式的选择，能够降低分拣、运输和配送相关环节的能源消耗，助力碳中和战略的推进。

①分拣环节：智能分拣。传统物流中心的运转主要通过工作人员手动进

行称重、分拣和配货，耗时费力，而且在“双十一”等大促活动期间货品积压、丢失损坏时有发生，物流速度及质量会严重受到影响。依托先进技术的物流分拣系统不仅能够快速高效地实现大小件包裹的智能化分拣，而且出现错误和偏差的概率几乎为 0，能够有效地提升分拣过程的效率，降低漏拣、错拣的概率。

②运输环节：无人车、无人机等。在运输环节，想要实现无人化和自动化运输还需要一定的时间，相关方面的开发依旧处于探索研发的阶段，主要分为陆上（无人车）和空中（无人机）两种运输方式，略有成效的典型代表包括京东物流研发的新能源无人货车和顺丰研发的大型干线无人机。

③配送环节：配送机器人、智能快递柜等。目前，末端配送机器人已经吸引力京东、阿里等企业布局，但整体仍处于研发阶段。作为配送末端“最后一公里”重要补充的智能快递柜，已经普遍应用于各个小区、站点，最具代表性的企业如丰巢、速递易等。

5.3 智慧仓储系统的关键装备与技术

5.3.1 5G 时代的仓储信息化系统

相较于 4G 网络来说，5G 网络的性能更强，具体表现为 5G 网络的数据传输时延更短、容量更大、安全性更高、能耗更低等。5G 技术在各个行业的落地应用，将促使行业的智能化水平产生质的提升。以物流行业为例，5G 与 VR、AR 等技术融合，将对智能仓储信息化的实现产生积极的促进作用。

（1）物流仓储的发展趋势

纵观物流仓储的发展史可知，每一次技术革命都会颠覆物流行业原有的工作方式。在人工仓储阶段，虽然仓储的成本低，但因为是全人工劳作，效率也低，无法满足社会发展需求。在此形势下，机械化仓储应运而生。机械化仓储虽然用机械取代了大部分人工，工作效率有了大幅提升，但因为成本较高，逐渐被新兴的自动化仓储所取代。

自动化仓储使用自动化、一体化的系统设备，工作效率、各项工作的协调性都远超单一的机械化。但因为所使用的技术与工作方式都不成熟，自动化仓储很快被集成自动化仓储取代。在集成自动化仓储模式中，因为各个系统相互独立，并且都能够单独发挥作用，仓储效率大幅提升。随着物流科技不断发展，智能自动化仓储技术取得了较大的进展，原有的单一的仓储管理方式逐渐被取代，定量理论与定性理论实现了完美结合，可以更好地满足时代发展的需求。

（2）信息系统的设计目的和内容

现阶段，随着仓储业发展速度越来越快，自动化、智能化、信息化已经成为该行业发展的必然趋势。再加上5G技术的快速发展与广泛应用，给物流仓储技术的发展提供了广阔的空间。为了做好智能物流仓储信息系统建设，技术人员必须明确系统设计的目的与内容，了解智能物流仓储的工作流程，掌握智能物流仓储的运作特点与技术优势，促使智能物流仓储实现更好发展。

通过完善智能物流仓储的系统层、执行命令层、作业层，构建一体化的信息系统，然后借助5G技术提高信号传递精度与密度，再利用云端技术对信号进行处理，能够使各项命令落地执行。

（3）信息系统建设的客观基础

新型机器人在仓储领域的应用对智能仓储的发展产生了积极的促进作用。与传统机器人的不同之处在于，新型机器人的程序更完善，工作效率更高。对于新型机器人来说，只有以5G技术为依托，才能保证信号传输速度与效率，提高机器人的响应能力，为智能仓储信息化的实现奠定良好的技术基础。

随着信息技术不断发展，工业机器人的发展将获得更扎实的技术基础。在5G技术的支持下，工业机器人或许可以实现全程自动化、全程可视化、全程数据化。伴随工作效率的不断提升，安全问题能够得到解决，网络连接速度与效率也会大幅提升，智能物流仓储信息化必将顺利实现。

（4）信息作业的管理技术问题

在信息作业管理方面，智能物流仓储具有三大功能，具体分析如下。

①智能入库。在 5G 技术的支持下，机器人拣选物品的效率将大幅提升。工作人员只需要输入相关信息，让计算机系统对信息进行及时处理，机器人就可以按照指令精准地对货物进行取放。

②在线盘点。在物流仓储的整个过程中，盘点是非常重要的一个环节。因为货物出库入库是实时进行的，如果信息系统的准确性不高，就会导致库存信息出错，信息不对称的现象加剧。在这种情况下，5G 技术能够发挥独有的优势，提高数据信息计算的准确程度，为信息不对称、准确度不高等问题提供有效的解决方案。

③出库流程。在物流仓储的出库环节，只有以数据云技术为依托，机器人才能将货物运送到指定位置，而数据云技术需要 5G 技术提供支持与辅助。

（5）信息系统设计的价值意义

信息系统设计具有三重意义，具体分析如下：

- 信息系统设计能够降低信息化成本，提高智能仓储的运作效率；
- 信息系统设计能够优化仓储管理方法，提高解决问题的效率；
- 信息系统设计能够改善信息化质量，通过发挥 5G 技术在信息传输与共享方面的作用，切实地提高信息传播速度与效率。

总而言之，5G 技术实现大规模商用，必将对物流仓储信息化技术的发展产生强有力的推动作用。

5.3.2 收货上架环节的装备与技术

智慧仓储在系统执行层集成应用了很多智慧技术与装备，对收货上架、商品存储、拣选、集货、发货等环节进行智能化改造，极大地提高了仓储效率，降低了仓储成本。具体来看，智慧仓储所用的装备与技术可以从收货上架、存储、拣选、集货发货等环节切入进行讨论。

下面，我们来分析收货上架环节涉及到的智能仓储装备与技术。

（1）无人 AGV

目前，无人 AGV 主要应用于托盘搬运作业，也就是将托盘货物作为一个整体从运输车辆搬运至仓库的入库区。在实践过程中，物流企业通常会将无人 AGV 放置在某个固定区域，设置一些标记物或反射器，例如反光板、磁钉等，以相对稳定的工作环境保证无人 AGV 工作状态的稳定，这是目前应用最多的一种自动化仓储方案。

无人 AGV 的传统导航方案有两种，一种是激光导航，一种是惯性导航，也有企业在研究新的导航方案。

优为智造研发的 SLAM（Simultaneous Localization and Mapping，即时定位与地图构建）技术可以让无人 AGV 摆脱对标记物或反射器的依赖，借助内外传感器在移动过程中获取各种信息，进行自我定位，并可以根据这些信息创建一张连续的环境地图，规划无人叉车的行驶路径，实现自然导航。相较于激光导航、惯性导航的无人 AGV 来说，自然导航无人 AGV 更容易安装，成本更低，而且可以自由地规划行驶路径，为智能无人 AGV 提供了一个新的研究方向。

（2）智能拆垛机械手

将转运托盘上的货物逐一搬运到输送线上的过程就是拆垛作业，传统的自动化拆垛作业是借助工业机器人手臂实现的。工作人员首先将目标货物的箱型尺寸和码垛规则输入计算机系统，工业机器人手臂根据计算机系统中的数据将相同规格的箱子从托盘中取出。如果箱型千差万别，工作人员就需要测量各个箱型的具体尺寸并将相关数据输入计算机系统，这个过程需要花费很多的时间与精力。如果同一托盘上的货物箱型不一致，而且没有固定的码垛规则，传统工业机器人手臂就很难发挥作用。

智能拆垛机械手引入 3D 视觉和深度学习算法，在工作过程中可以借助 3D 深度摄像头识别托盘顶层货物的外形，每拿取一个箱子就能创建一个箱子外形的模型，并基于这个模型对下一个箱子进行识别，彻底摆脱了对计算机系统的依赖，可以实现自我训练与自我校正，不需要人工输入箱型尺寸与码垛规则，真正地实现了自动化拆垛。

5.3.3 货物存储环节的装备与技术

如果货物比较多，物流企业通常会创建自动化立体仓库，以托盘为单位组织同一批次的货物大批量入库，并利用堆垛机对托盘上的货物进行取放，将同一个托盘中的货物统一存放在高位货架上。如果货物比较少，物流企业通常会以料箱的方式对货物进行存储，利用智能调度算法操控小车运送商品入库，这种货物存储方式为后期的拆零拣选提供了极大的方便。

具体来看，货物存储环节使用的智能装备与技术包括以下几种。

（1）Kiva 机器人[1]系统

Kiva 机器人系统由大量机器小车及控制小车的集中式多智能体调度算法构成。在智能仓储模式下，货架单元底部会粘贴或者印制条码，仓库地面也会布置条码网络，机器小车搭载的摄像机可以通过读取条码信息找到货物存放位置，借助编码器、陀螺仪等传感器将货物搬运到指定位置，实现自动搬运。但因为机器小车不能同时完成移动与转向任务，所以只能在原地转向，不能在移动过程中转向。

（2）自动穿梭车仓库系统

仓库为了充分利用存储空间，会使用很多高层货架，而 Kiva 机器人系统只能在平面空间对货物进行取放，无法在立体空间存取货物，搭载了立体料箱式货架的自动穿梭车仓库系统则可以很好地解决这一问题。

该系统主要借助货位分配优化算法和小车调度算法决定将货物存放到哪一个巷道以及巷道的哪一层，保证货物的存放更加均衡、合理，通过设备的并行运作来提高设备的工作效率。在货物入库环节，货物开箱后先存入料箱，然后将料箱运送到存储货架巷道前端，通过提升机将料箱送到指定存储层，将料箱交给穿梭小车，由穿梭小车将货物运输到指定货格。货物出库则是先由穿梭小车取出货物，然后交由提升机将货物放到地面运输出去。

（3）细胞单元系统

细胞单元系统集成了自动导引小车和自动穿梭车仓库系统两种技术，将

[1] Kiva 机器人是亚马逊在 2012 年斥资收购 Kiva Systems 公司的机器人项目，这家公司专注于如何利用机器人在仓库里完成网上大量订单的派发工作。

地面存储空间与立体货架存储空间结合在一起，既可以实现地面搬运，又可以实现立体的货架搬运。当细胞单元小车在地面工作时可以切换为自动导引小车的工作模式，实现货物在平面空间的移动；当细胞单元小车在货架上工作时，就会切换为传统自动穿梭车的工作模式，完成货物在立体空间的存储。

需要注意的是，在地面工作时，细胞单元系统采用了一种与Kiva机器人系统不同的导航方式，即对无线传感网测距、激光测距仪测量和推测航行法进行集成应用。其中，无线传感网的主要功能是信息传输与货物定位；激光测距仪和推测航行法的主要功能是对货物进行跟踪定位，并对定位的精度进行校正，这种导航方式更加灵活。

5.3.4 智能拣选环节的装备与技术

智慧仓储拣选环节涉及到的物流装备与技术主要包括以下几个方面。

（1）AR辅助拣选技术

传统的人工拣选主要有两种方式：一种是工作人员手持无线射频设备进行拣选；另一种是为商品贴加电子标签，通过扫描电子标签进行拣选。在这两种拣选方式中，拣货人员需要根据手持无线射频设备与穿戴设备中的提示，结合货架上的指示灯拣选目标货物，这种拣选方式虽然出错误的概率非常低，但要求拣选人员要十分熟悉库内环境以及货品放置位置。

AR的应用将现实世界与虚拟世界连接在一起，借助AR眼镜等装备辅助拣选人员熟悉仓库环境、明确货物存放位置，并为拣选人员规划一条最短的拣选路径，帮助拣选人员尽快获取目标物品，还可以对目标物品附带的条码进行自动扫描，减轻拣选人员的工作负担，提高货品拣选的效率。

（2）阵列式自动拣选技术

传统的自动化拣选使用的是通道式拣选机，最具代表性的就是A字架系统。在具体实践中，工作人员先将同一类货物整齐地堆放在底部安装了弹射机构的立式通道内，通过弹射机构将目标货物送到输送线。拣选通道与输送线平行排列，所以对拣选空间的要求比较高。通道式拣选机主要应用于规模比较大，而且拣选的货品品类比较单一的配送中心。如果需要拣选的货品品类比较多、拣选量比较大，通道式拣选机就很难发挥作用。为了解决这一问题，有企业研发出了阵列式自动拣选机。

阵列式自动拣选系统是一种新型的自动化拆零拣选系统，成本只有A字架系统1/10～1/5。在这个系统中，所有的拣选通道都不是水平的，而是以一定的倾斜角度安装在设备上，通道的底部安装了流利条，可以将货物滑向通道前端。而通道前端安装了弹出机构，可以将目标货品拣出，并让货品沿着挡板下滑至输送线。在重力的作用下，会不断地有货品沿着拣选通道下滑到弹出机构上，从而实现连续拣选。工作人员可以根据货物尺寸调整拣选通道的宽度，但每个拣选通道只能拣选相同品项的货物。如果货物的拣选量比较大，可以多设置几个拣选通道。

（3）Delta机械手拣选技术

阵列式拣选技术主要用于拣选包装标准的盒装品，无法满足包装不标准的袋装、瓶装货品的拣选需求。Delta并联机器人可以很好地解决这一问题，因为将机械手的驱动电机安装在机架上，将动力臂制作成轻杆，赋予末端更高的加速度与速度，可以高效率地分拣轻型货物。此外，Delta并联机器人可以利用摄像机与计算机模拟人的视觉，可以根据货品的尺寸与种类更换拾取器，满足不同类型包装货品的拣选需求，还可以借助人工智能技术对姿态不同的同一种商品进行准确识别，以保证商品抓取的准确性。

5.3.5　集货发货环节的装备与技术

物流企业一般会按照送货路线将发货区划分为不同的区块，集货分拣就是按照订单位置以及送货路线将拣选出来的商品送到相应的区块。传统的自动化集货分拣一般是利用斜轮分流器、滑块分拣机或交叉带机创建自动化分拣线，但自动化分拣只能按照送货线路将货物集中在相应的区域，无法根据收货地址的远近关系对订单货物进行排序，需要工作人员在将货物装车时按照送货路线将订单货物有序装入车厢，装车效率比较低。智能发货分拣系统利用自动穿梭车将拣选出来的订单货物存放在立体货架中，自动穿梭车还可以根据货物外包装的尺寸自动调整货叉间距，满足外包装尺寸不同、类型不同的货物的拣选与移动的需求。

智能发货分拣系统收到装车发货指令之后，会控制自动穿梭车按照送货地址的远近关系将同一订单的货物从货架上取出，通过输送线将货物运送至装车区域，还可以借助伸缩带机将货物直接装车，减少了二次搬运环节，装车效率大幅提升。此外，因为使用立体货架存储货物，仓储空间的利用率也得到了大幅提升。

通过对智慧物流各环节所使用的装备技术的分析可以总结出智慧仓库装备技术的两大特点：第一，对数据挖掘、人工智能算法、自动感知与识别技术、智能机器人等技术进行了集成应用；第二，实现了人机协作。

在拆垛、拣选等需要抓取货物的环节，集成了人工智能算法与3D机器视觉技术的机械手可以满足外包装尺寸不同、类型不同的货物的抓取需求；在出库、入库、集货等需要搬运货物的环节，集成了各类导航设备与调度算法的自动导引小车可以响应各种搬运任务，提高货物搬运效率。

机器人在智慧物流领域的应用打造了一个柔性化的仓储物流系统，人工智能的融入则极大地提高了物流作业的效率，使货物的抓取、搬运变得更加精准。因为智能仓储装备与技术的应用成本比较高，所以目前只有个别实力强大的企业会全部引入智能仓储设备与技术创建无人仓，大部分企业会在部分环节引入智能仓储装备与技术，采用人机协作模式。例如在订单拣选环节，很多物流企业会使用自动穿梭车将待选货物料箱送至拣选台，然后由工作人员进行拣选，通过这种人机协作的工作模式在提高拣选效率的同时，也极大地保证了货物拣选的准确性。

06

第 6 章 工业互联网平台应用

6.1 数字化管理：实现管理模式的创新

6.1.1 设备管理：数据驱动智能决策

在数字经济大行其道的背景下，制造业作为立国之本、强国之基，其智能化转型是必然趋势。实际上，国内制造领域的一些领先企业已经意识到数据对于企业发展的价值，并以工业互联网平台为依托打通企业的核心数据链。核心数据链的打通不仅能够采集企业从产品研发、设计到生产乃至供应链等各个环节的重要信息，还能够推动企业管理模式的创新。

以往，在制造企业的运营过程中，信息技术的发展水平不高、企业经营模式因循守旧，数据的角色停留在企业业务流程的附属物，这些数据不仅规模庞大而且类型多样，提取、采集、分析的过程困难重重。随着云计算、大数据等新兴技术的发展，数据的处理不再困难，数据的价值也逐渐得到凸显，数据甚至成为企业赢得竞争优势的关键生产要素。工业互联网平台能够助力企业实现数字化管理，满足制造业进行数字化、网络化、智能化转型的需求。基于工业互联网平台，企业能够高效采集与企业业务流程相关的各项信息，实现生产全要素、产品全生命周期、企业全价值链与全产业链的贯通。

可以说，在工业互联网平台的支持下，企业能够打造一个数据流动闭环，这个闭环不仅可以实时感知企业运营过程中的重要信息、精准分析企业的经营状况，而且能够辅助企业管理者做出正确的决策，并推动相关决策被精准执行，进而从根本上提升企业的经营能力、管理能力、风险感知能力和综合竞争力。

接下来，我们首先分析工业互联网平台在企业设备管理中的应用。具体来说，主要体现在以下几个方面，如图 6-1 所示。

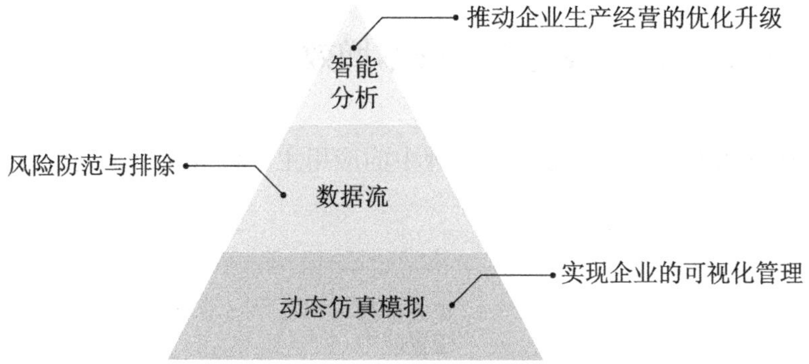

图 6-1 工业互联网平台在企业设备管理中的主要应用

①实现企业的可视化管理。简单地说，即运用数字平台，为企业生产过程中的各个要素和环节创建 3D 模型，通过对零件组合、生产设备配置、生产线运行情况的动态仿真模拟，实现对生产全过程的实时监控和管理。

②风险防范与排除。通过工业互联网平台，企业可以对大量实时数据进行分析，创建覆盖产品全生命周期的数据流，实现对设备故障风险的预警、已发故障的诊断和指导建立必要的预防性措施等。

③推动企业生产经营的优化升级。利用数字平台，企业可以对已采集到在企业运营中的产品研发、产品生产、物流运输、运营销售等环节的数据信息进行智能分析，并对比相关领域的知识系统，辅助管理者做出更为科学合理的决策。

致力于研发制造大功率发动机、高效燃气轮机、高效蒸汽涡轮机等能源设备的通用电气公司，创立了全球首个工业互联网平台 Predix，并运用其平台数据的智能分析，进一步完善了设备健康和故障预测机制，驱动实现生产效率优化，为传统工业中存在的如质量稳定性差、能耗高等问题，提供了现代化、数字化的解决方案。

富士康通过整合生产制造、数据分析、云端存储及工业互联网解决方案等建成 BEACON 工业互联网平台，打造跨越从边缘到核心各个层级的应用体系，连通设备、车间、企业等要素，智能辅助生产者、管理者和决策者，推动企业运营成本大幅下降。

6.1.2 运营管理：赋能企业降本增效

工业互联网平台在企业运营管理中的应用主要体现在以下几个方面，如图 6-2 所示。

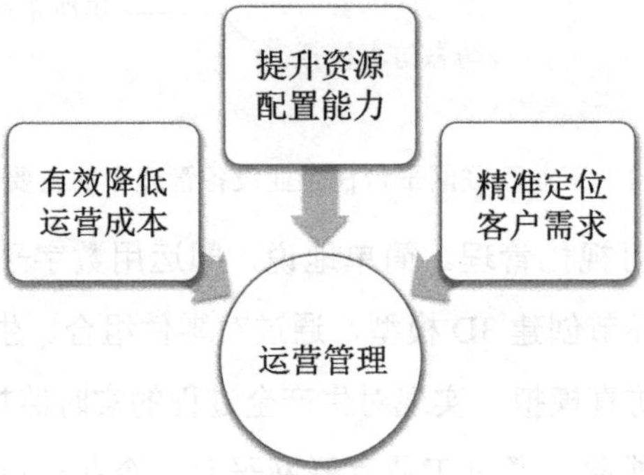

图 6-2　工业互联网平台在企业运营管理中的主要应用

①有效降低运营成本。运用工业互联网平台数字化工具，企业能够制定出更为科学合理的预算方案，完善备品备件管理系统，优化绩效管理机制，打破传统的运营模式，实现更优的成本控制，从而提升管理水平。

②提升资源配置能力。利用平台的智能计算功能，可以进一步优化企业运营中的供给侧与需求侧结构，促进二者快速精准对接，优化集团母公司对于子公司及关联公司之间的资源配置，促进业务协同、资源整合和企业数据共享，充分发挥人才作用，进一步推进技术创新。

③精准定位客户需求。在可控并合规范围内，运用所采集的数据，深度分析用户行为，精准描绘用户画像，寻找并挖掘用户潜在需求并为其提供适宜的个性化服务，从而实现精准营销，获取利润。

树根互联以云应用平台作为支撑，联合久隆保险、三湘银行两家金融机构，对动产融资、UBI（Usage Based Insurance，驾驶行为保险）项目进行大数据分析和云计算，实现了产品定价和营销方式的优化，提升了其风险管控和金融服务能力。

寄云科技在与彩虹特种玻璃咸阳分公司的合作项目中，基于其研发的NeuSeer工业互联网平台，通过智能化的数据分析、计算、整合，打通了生产环节数据和管理环节数据，实现了管理与运营之间的互联互通、信息共享、业务协同，完善了一体化的管理模式。

6.1.3 组织管理：激活人才创新动能

工业互联网平台在组织管理中的应用主要体现在以下几个方面，如图6-3所示。

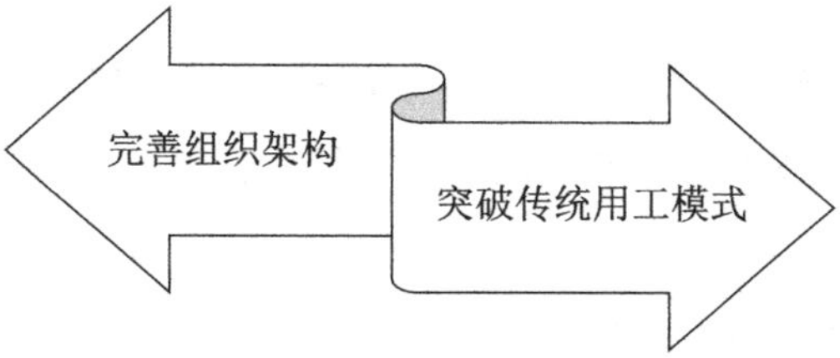

图6-3 工业互联网平台在组织管理中的主要应用

①完善组织架构，提升组织管理能力。以企业的业务需求为出发点，工业互联网平台能够帮助企业合理分配各业务线任务，促进各业务线紧密配合。同时，以相关数据为基础，工作指标的量化呈现将更为直观、清晰，促进管理者制定合理的绩效和晋升机制，优化赋权系统。建立智能化、去中心化的组织架构，提升员工和企业成长的稳定性，并实现二者的相互促进。

②突破传统用工模式，实现企业管理者与员工、企业与外围团队或第三方的合作创新。工业互联网平台能够帮助企业打造优势赋能平台，吸引有能力、有潜力的团队，优化合作机制，并为企业提供充分的资源支持，从而激发企业的活力。

海尔集团运用其推出的COSMOPlat工业互联网平台建立了共赢增值机制，帮助中小企业解决用户维系、市场拓展等难题，COSMOPlat平台的个性化定制能够把社会上最佳资源配置到最佳的位置上产生增值，促进微小企业的平台优化、管理能力提升、员工自我发展。

阿里、华为等企业充分发挥其技术优势，打造高质量的工业互联网开源平台，并借助开源社区吸引人才，为平台参与者提供技术、组件等方面的支持，提高产品的研发创新能力。

6.2 智能化生产：驱动工业数字化转型

6.2.1 智能设备：运行状态实时监测

一般来说，传统生产线的结构设计、设备工具等都与其生产的产品相对应，即专线专用。随着技术的进步，虽然生产线中针对单一品种、大批量的订单实现了自动化生产，但仍存在灵活度较差、开放性较低等问题；对于多品种、小批量的订单，则可能出现因生产计划延迟而无法如期交货的情况。依托于工业互联网平台的新型生产线，可以有效解决上述问题。通过将若干传感器布置在生产线上，传感器能够将识别到的产线数据信息传输到平台的各个分析节点，对比数据库中已创建的模型，自动识别加工配件、生产路径和工序。如有需要，操作系统还可以对产线要素进行调度，动态实现混线生产，提高产线对不同生产需求的适应能力。

此外，关于工业生产的反馈优化机制，依托于工业互联网平台的智能生产模式的优势也更为突出。传统工业生产的反馈优化通常是以上一周期的生产情况为基础，通过分析运行情况来制定方案，在下一生产周期或批次进行调整，这一过程往往需要较长的周期，因此其反馈机制具有滞后性。依托于工业互联网平台的智能生产线，可以同时连接生产操作人员、机器、材料等要素，实时将生产数据进行整合分析，动态地反映出全局生产情况，对存在的问题进行实时反馈、实时优化，具有更强的即时性和交互性。

下面我们简单分析工业互联网平台在企业设备管理中的应用。

①平台模块能够对设备运行状态进行实时监测，采集并分析设备运行时的温度、电压、振动等参数，反馈异常的数据或进行预警提示，以便及时做出调整。

②基于对设备运行状态的实时监测，平台能够将反馈数据与历史数据、日志等进行智能分析对比，从而给出风险反馈或定位设备故障点，并提供相关诊断和问题解决思路。

③平台通过对设备材料的氧化趋势、外形变化等物理状态的监测分析，可以预测设备寿命、预判运行过程中的潜在风险、报告设备零部件的更新提醒等，为经营者提供良好的设备维护服务。

6.2.2 智能产线：生产管控快速响应

工业互联网平台能够为离散型企业提供优势技术支撑，把以CAD、CAE、CAM、PDM等系统为基础的产品设计和以DCS、MES等系统为基础的生产制造相连接，打通数据流通路径，融合从研发设计到生产加工、从设备监控操作到生产运营管控的各个环节，形成一体化、智能化、多层次的创新型生产体系，从而实现产品的研发设计、生产制造、维保管理、增值服务、技术创新的紧密协同，提升企业全产业链的竞争能力。

对于流程型企业，工业互联网平台也能够发挥积极作用。在企业实际投入生产之前，利用数字孪生技术，可以对原料、设备、流程、环境等因素进行3D可视化仿真模拟，不断优化与改进设计思路。在实际生产的过程中，通过大量数据监测与反馈，平台能够及时排查故障、进行风险预警，加强产品质量控制，以此实现实时虚实联动，从而有了更快的响应速度和更强的适应能力，促进企业进行集约高效、安全可控、低成本的生产。

商飞集团在其产品生产过程中，利用工业互联网平台及相关通信、3D仿真模拟等技术，对生产过程和生产要素进行全方位的实时管控，利用智能数据分析，对生产环境、生产状态等进行优化。目前，商飞集团已经成功降低了零配件定位误差、节约了生产成本、提高了生产效率。

阿里云智能工业大脑与恒逸石化合作，利用AI技术及相关设备控制锅炉燃烧的流程，根据对锅炉燃烧数据的反馈和积累，实现了燃煤发电功率的最大化。

6.2.3 个性化定制：满足客户个性化需求

与传统生产模式相比，智能化生产能够以工业互联网平台为依托，充分发挥大数据、物联网、人工智能等新技术的优势，通过对各生产环节和制造主体的数据进行采集与智能分析，打通数据孤岛，建立广泛的数据连通体系，以实时监督生产流程，保障产品质量与生产效率，促进企业、部门、人员的统筹协同，完善原料、产品的物流调配，从而提高企业的生产制造与营销能力，满足丰富多样的市场需求。

（1）少品种、大批量定制

随着市场竞争日益激烈，在服装、家电、汽车等行业，企业均需要基于用户需求开展少品种、大批量的个性化定制服务。用户需求往往是碎片化、通俗化且具有时效性的，通过工业云平台，企业能够将零散的用户需求信息及时转化为标准化、系统化、可执行的数字化信息，并协调研发、生产各部门有针对性地实施生产计划。这一过程既能够充分利用制造资源，又可以实现生产与用户需求的精准对接，能够有效提升企业的服务质量。

大型男士正装定制云平台RCMTM为全球十多个经济发达国家及地区提供服装定制服务。红领集团基于RCMTM采集到的人体数据信息，能够将客户的量体数据与数据库中的版型数据迅速匹配，找到最适合客户身材的版型。这不仅可以降低设计成本、缩短生产周期，还能够为客户提供更加优质的服务，大幅提升企业的经济效益。

（2）多品种、小批量定制

在航空、船舶等行业中，企业的一部分订单来自根据用户需求开展的多品种、小批量的个性化定制服务。通过工业互联网平台，企业可以构建重点产品数据库的共享信息通道，结合对数据的采集与智能分析，深入了解用户在材料、性能等方面的需求，并将这些需求数据转化为配件、产线生产过程中的具体指令。这不仅能够提升高端产品生产在个性化服务方面的适应性，还能够提高用户满意度，增强用户黏性。

中航第一飞机设计研究院在研制新的“飞豹”飞机的过程中，充分利用了三维数字化模型技术，通过输入全机上万个零部件的精准数据，制作了可视化的3D模型，提高了飞机各部件的模块化设计水平和整体适应性，极大地缩短了设计周期、有效降低了设计返工率、提高了研发效率，增强了企业个性化定制服务的能力。

上海外高桥造船有限公司与海克斯康PPM联合开发的“三维一体化”设计软件的应用，是工业云技术在造船业的成功实践。通过云平台，外高桥造船与外国公司开展协同设计，实现了跨区域研发与船东图纸审核的协同进行，并根据船东的需求及时改进设计方案，有力提升了企业的个性化定制服务水平。

（3）“小作坊式”单件定制

企业可以针对用户需求开展“小作坊式”单件定制服务。在这种定制服务中，用户的需求往往有着模具特殊化、加工精度要求高、交付周期短等特点。针对这一情况，企业可以通过云平台构建线上服务和运营系统，并采集线下消费体验的反馈数据，进一步将需求数据扩展到设计、生产等环节，快速生产出小批量的个性化定制产品。

共享装备股份有限公司从2008年即开始了探索数字化铸造转型升级的实践，在“云+网+厂”模式的引领下，构筑新一代铸造智能工厂架构，不仅攻克了铸造3D打印材料、工艺、软件、设备等技术难题，还连通了AGV、桁架式机器人等智能设备，实现了铸件生产的自动化水平提高和行业云上业务集成与创新，使生产效率得以大幅提高。

航天云网（航天云网科技发展有限责任公司）构建的一站式3D打印综合

制造云平台，能够为用户提供多元化的3D打印服务。通过产线云化管理，航天云网不仅拓展了线上服务能力、拓宽了受众渠道，还实现了不同3D打印设备及产线的便捷接入，可以实现随时随地产品制造，并实现快速迭代。这不仅能够优化产能降低生产成本，还能够提高市场需求的响应速度、提升用户满意度。

6.2.4 智能服务：优化客户服务体验

工业互联网平台在企业智能服务中的应用主要体现在以下几个方面，如图6-4所示。

图6-4 工业互联网平台在企业智能服务中的主要应用

①在产品供应方面，通过大数据的积累，企业可以构建知识图谱，快速定位供应链的风险易发生点，建立相关风险反馈机制，为管理者提供风险预防建议，从而维持供应链的稳定性。

②在产品质量检测方面，利用机器视觉技术并结合数据的智能分析企业可以构建图像识别AI，并通过大量的图片识别训练将其培养成为具有精准识别、判断能力的辅助工具，从而促进现代化生产中质量检测流程的优化升级。

③在产品营销方面，通过对用户数据的分析，综合用户的习惯偏好、需求偏好、审美偏好等多方面因素，企业可以实现产品广告的精准投放，进一步提升用户体验。

④在物流运输方面，通过对运输网络、仓储、运力等要素数据的整合分析，可以计算出兼顾运输时间、运输路程、运力资源、仓储运作的最优方案，

促进实时动态调度的协调与稳定，提升物流运作效率。

日本半导体公司 Macnica 与 VAIO 株式会社合作，运用其工业互联网 AI 技术，不仅在产品研发和生产阶段实现了端到端的对接，还构建了供应链知识图谱，完善了零部件选型流程，提升了风险管理水平。

腾讯云基于其自身的工业互联网技术优势，为华星光电提供 ADC（Automatic Defect Classification，自动缺陷检测）服务，通过对检测模型的深度训练与学习，使其检测识别的能力最终达到检测需求，大幅缩减了人力和时间成本。

6.3 网络化协同：数据资源的互通共享

6.3.1 协同设计：提高产品研发效率

传统工业体系中的数据储存、连通、维护等都存在一定的局限性。通常，各个企业、机构或各生产要素的数据并不互通，而是由各生产单位独立存放与维护，数据连通也容易受制于数据之间的逻辑差异而难以实现，且可能带来高昂的成本。通过工业互联网平台，可以以大数据分析、物联网、人工智能等新兴科技作为支撑，通过广泛的数据连通与共享，有效地消除各机构或生产要素间的数据“隔阂”，实现数据的自由流动，从而将各制造主体和生产环节进行统筹，进一步强化企业、机构或生产要素相互之间以及和社会的联系，从而提高生产效益。

工业互联网平台在企业协同设计中的应用主要体现在以下几个方面，如图 6-5 所示。

①基于三维模型的设计（Model Based Definition，MBD），即利用数字化三维模型来完整表达产品定义信息。其关键在于根据产品需求构建统一模型，以统一的数据源传递信息，并使其兼顾产品架构、方案、仿真验证等场

景的适应性。这一思路改变了传统的以二维工程设计图纸为主导的制造方法，加强了从产品制造到运维等各环节的协同性，从而提高了产品研发效率。

图 6-5　工业互联网平台在企业协同设计中的主要应用

②集成产品开发（Integrated Product Development，IPD），这一模式综合了业界实践的诸多要素，在整个产品生命周期中，通过制订严密的计划和跨部门跨系统的协同，使多个流程密切衔接或同步进行，改变了传统的单一线性管理模式，更好地将产品市场需求、架构设计、方案设计等要素统一起来，是一种跨多学科、多领域、多主体的高效的业务协同研发模式。

长安汽车整合了在全球的多个研发中心的资源，通过建立三维数字化模型，协同美洲、欧洲、亚洲等研发中心的多个部门联合进行研发。这突破了不同时区、地域、部门和企业的限制，不仅弥补了长安汽车在虚拟技术造型应用方面的短板，也提升了设计的质量和效率，降低了开发的成本和时间。

20 世纪 90 年代，已经处于发展期的华为开始拓展企业的业务范围，但由于尚未建立科学规范的管理体系，华为在业务拓展的过程中面临着严峻的挑战。1999 年前后，华为开始进行 IPD 体系建设，经过几年的推行和实践，华为的产品研发周期明显缩短、故障率极大下降，与此同时客户满意度也在持续上升。

6.3.2　协同制造：智能化生产与运维

工业互联网平台在协同制造中的应用主要体现在智能化生产与运维两个

方面，如图6-6所示。

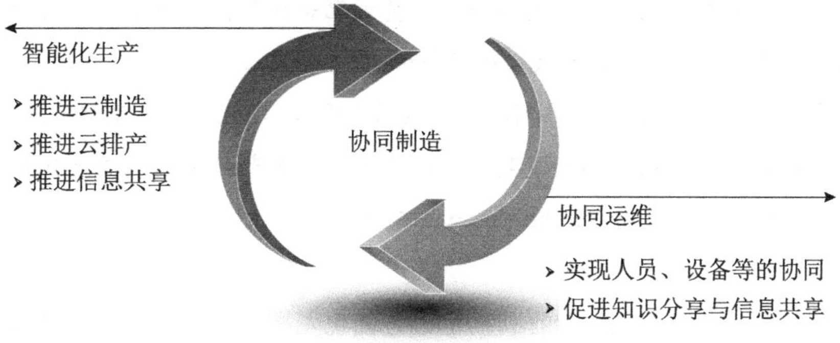

图6-6 工业互联网平台在协同制造中的主要应用

其中，在智能化生产中的应用主要体现在以下几个方面：

①推进云制造，促进需求与产能的统一。企业通过对平台数据的分析与共享，构建线上化的制造系统。在这一系统中，企业通过对生产任务的流程特征进行分析，并整合现有制造资源（如生产所需部件、生产线、相关生产人员等），按照相关生产要素需求制定科学的生产方案，并向各部门或生产单位合理分配生产任务，从而实现生产需求与产能的高效匹配。

②推进云排产，有效提高制造效率。通过云平台，可以对市场需求、生产线任务量、仓储量等数据信息进行实时更新与整合，并分析制订出最佳生产计划，协助管理人员及时调整生产原材料、设备、人员等要素的配给，在兼顾产品质量的同时，也能够保障产品交付时间。

③推进信息共享。工业互联网平台的数据连接具有双向性，不同行业主体、机构或生产单位之间可以实时共享信息，从而提高决策的科学性。同时，这也有助于打破行业壁垒，提高人才与制造岗位供求关系的匹配，提高相关设备、生产线的利用率。

中国商飞以云平台为基础构建的飞机研制系统具有交互性强、智能化、高效协同等优势。基于其统一数据源的设计，实现了与全球上百家一级供应商之间的数据交互与高效沟通，并进一步加强了从设计、制造到供应等各环节之间的协同性。

中航西飞基于工业云完善了资源统筹，促进了相关信息和数据共享，优化了原材料供应、生产流程的衔接和人员调配等环节，实现了各部门的高度协同，提高了生产效率，大大压缩了整机制造周期。

中铁工业与浪潮合作，共同打造智能制造平台，建设中铁工业智慧云中心，实现数字化转型，从产品研发到制造的跨地域、多部门之间的高效互联与协同管理，使产品交付周期缩短、综合成本降低。

此外，工业互联网平台在协同运维方面也发挥着重要作用，具体体现在以下几个方面：

①工业互联网平台可以实现企业、部门、人员之间的协同以及人员与设备之间的协同。通过智能采集与分析各生产环节的实时数据，及时、合理地调配人员与设备，可以有效地提升各部门、各企业间合作能力。

②工业云平台能够促进知识分享与信息共享，提升运维服务能力。通过对研发、生产、运营、客户等要素的数据采集与整理，企业建立能够满足不同主体需求的数据库、知识库，推动服务资源的共享，提升运维服务的数据化、协同化、智能化水平。

生意帮借助工业云平台，通过网络众包分包，利用数字化分析精准定位用户需求，对产品全生命周期进行实时管控以保证产品质量，进一步优化和提高了产品生产的调度和统筹能力，从而在模具加工、五金加工和成品采购等方面有效提高了效率、降低了成本，大幅提升了其供应链管理服务能力，为多个合作方提供了高性价比的供应链解决方案。

6.3.3 供应链协同：资源配置动态优化

工业互联网平台在供应链协同中的应用主要体现在以下几个方面，如图 6-7 所示。

①工业互联网平台促进供应链的精准化。通过大数据的分析，整合上下游资源，促进产供销各方信息对接的及时性与准确性，可以使各环节物流、

信息流和资金流的资源得到充分利用。立足于市场，完善对库存、生产计划、物资调配的统筹规划，企业能够实时响应客户需求。

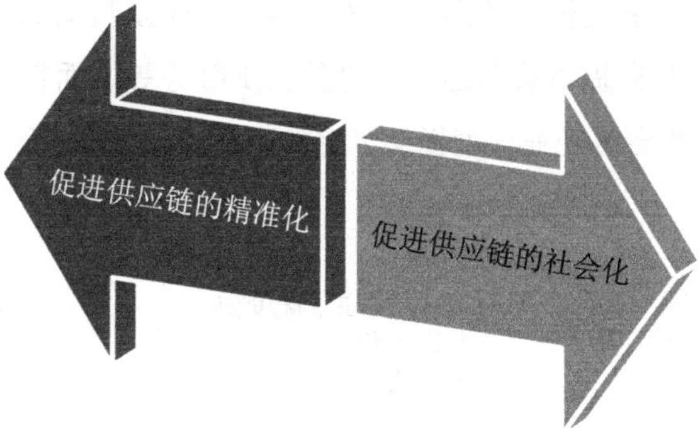

图 6-7　工业互联网平台在供应链协同中的主要应用

②工业互联网平台促进供应链的社会化。通过不断完善供应链的协同管理，充分挖掘产业潜能，促进相关产业链向上下游拓展，可以进一步推动不同企业、地域、产业链之间的信息共享，提升企业的业务协同能力，充分发挥社会化制造资源的潜力，实现资源动态优化配置，进一步创造社会效益。

石化盈科积极推动数字化转型，通过工业互联网平台对生产效率、质量等进行实时数据采集，并通过对数据的智能分析完善其监督和管控体系。在原油采购方面，石化盈科依托信息的连通与共享，提高了供应链匹配精度、对市场需求的反应速度和原油的调运效率等，节约了成本。

航天云网基于 INDICS 平台制定了供应链协同解决方案，主要面向政府、企业用户提供供应链上下游供需对接、供应链协作、供应链预警支撑等服务，助力制造业产业链协作水平提升，带动产业链现代化加速发展。

6.3.4　服务化延伸：打造服务型制造模式

传统的制造企业往往以生产制造工艺的进步作为其革新和发展的主要驱动力，产品生产能力的提高和产品质量的提升能够有效提高企业综合竞争力。近年来，随着社会生产力的提高和市场需求不断变化，供需关系也逐渐发生转变，市场竞争不断加剧，专注于产品的生产力因素不再是决定企业竞争力的唯一指标。在客户需求多样化与对服务质量的要求不断提高的背景下，企业不得不调整其优势定位，逐渐由传统的制造商向创新型综合服务商转变，其业务范围也逐渐向提供设备运维、提供优质服务等方面拓展。而大数据驱动的工业互联网平台为企业转型提供了有效途径，如图 6-8 所示。

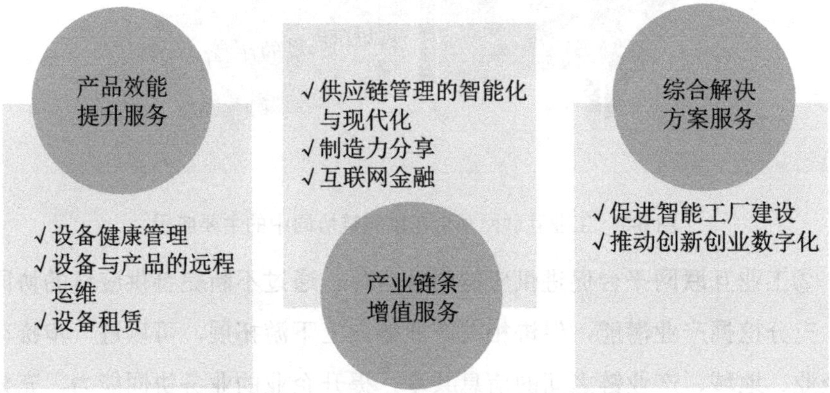

图 6-8　工业互联网平台在企业转型中的主要应用

（1）产品效能提升服务

①设备健康管理。运用传感器、视觉机器等感知技术对设备的使用频率、损耗度、运行情况等进行采集，并上传至云平台，与数据库中的标准模型进行匹配，实现对设备故障的预测预警诊断、健康管理和寿命评估等。

②设备与产品的远程运维。基于平台对生产过程中大数据的智能分析，企业可以对设备运行和生产情况进行实时监管，相关技术人员可以借助云系统的可视化等手段，对设备故障或其他产品生产中的问题进行远程指导。

③设备租赁。依托云平台，企业可以将所采集到的租赁设备运行数据、生产数据与运营等业务数据进行整合，建立并不断完善相关大数据模型，从而促进不同区域、不同企业间的技术合作与交流，促进生产技术的发展。

徐工集团积极促进生产数字化转型，依托汉云工业云平台构建设备画像，实现了对设备的预测性诊断、故障识别、能耗分析，提升了设备维保的精准度与及时性，降低了维修成本。

日立集团（HITACHI）基于其构建的工业云平台，推出了油品监视系统（ConSite OIL），该系统通过传感器对运行中的发动机及液压部件的油品状态进行监控，使远程检测的故障预警率明显提高，完善了预防保全机制，延长了机器的使用寿命。

（2）产业链条增值服务

①供应链管理的智能化与现代化。依托工业云平台，能够进一步开发从供应到采购、从物流到仓储等环节的智能应用服务，进一步推动企业和供应链各主体间的密切协作，促进各环节的资金流、信息流、物流对接的流畅度和规范化。

②制造力分享。利用工业云平台可以建立全行业制造资源泛在连接，将生产制造能力以特定的标准模型进行量化，并进一步整合为可分享的信息流。平台通过相应的发布、对接与计费系统进行信息分享、数据协同与交易，可以促进行业制造资源的优化配置弹性供给。

③互联网金融。基于工业云平台的大数据分析，可以建立行业生产、经营情况的数据模型，该模型可以对企业的生产、经营情况进行可量化的评估，完善企业信用评级系统并指导银行等金融机构做出科学决策。

三一集团基于树根互联根云工业云平台，通过数字化实现上下游互联互通，推动了供应链的转型升级。三一集团还通过智能化的供应链管理服务，促进了下游经销商备件库存成本降低。

中联重科成立的融资租赁公司以工业云平台为依托，开展跨境设备租赁服务，扩大了其设备销售的规模。

（3）综合解决方案服务

①促进智能工厂建设。对于船舶、汽车、机械等离散型行业来说，可以依托工业互联网平台，加强制造单元、生产线、生产环境等要素的全面感知，建立各个流程、模块间的泛在连接，实现产品生命全周期的数字化转型，提高能够满足多样需求的生产制造和服务能力。对于石化、冶金等流程型行业，

企业可以基于云平台的数据反馈系统，完善工艺精度、状态监控、故障预警等机制，提升智能化生产水平，促进集约高效、绿色低碳、安全可靠的生产。

②推动创新创业数字化。依托工业云平台，促进企业内部产业链上下游的协同合作，进一步整合研发设计、生产制造、运营管理、仓储物流等方面的数字化资源，可以实现资源信息的实时共享，实现人力、物力、财力资源的合理调配，促进企业的创造创新。

海尔集团基于多边交互共创共享平台COSMOPlat，向全球、全行业用户提供大规模个性化定制服务。平台通过持续与用户交互，将用户由被动的购买者变为参与者、创造者，使企业以产品为中心向以用户为中心转化。另外，海尔也对外开放分享自身经验，为跨行业、跨领域生态赋能，助力企业智能化、数字化转型升级，帮助中小企业提高全流程竞争力。

07

第 7 章
数字孪生智能工厂

7.1 工业数字孪生：迈向未来制造之路

7.1.1 工业数字孪生功能与架构

在新一代信息通信技术发展的带动下，工业互联网发展战略在全球广泛实施，促进了工业的数字化、网络化和智能化进程。而在工业互联网研究领域，数字孪生作为一种超越现实的概念，引起了极高的关注度，并逐渐获得了越来越深入的应用。

不过，作为工业互联网的一个重要概念，数字孪生目前的研究仍然处于初级探索阶段，仍然需要进行概念、技术、实施路径以及应用场景等多个层面的梳理和挖掘，以促使产业界能够尽早达成共识，助力产业创新和智能化升级。

（1）工业数字孪生的发展脉络

随着相关数字化技术与工业领域融合的探索，工业数字孪生的发展也大致可以被划分为三个阶段：

①概念发展过渡期。随着 MBD 相关技术的发展，企业在实施基于模型的系统工程的过程中产生了大量的数学和物理模型，而这也就为数字孪生的发展奠定了基础。2003 年，密歇根大学的 Michael Grieves 教授首次提出了数字孪生相关概念，并将其命名为“信息镜像模型”（Information Mirroring Model）。

②航空航天行业应用期。数字孪生概念的正式提出和技术的不断进步，为其在多个场景中的应用带来了可能。2010 年开始，数字孪生技术便应用于航空航天行业。由于航空航天建设与基于模型的系统工程（Model Based Systems Engineering，MBSE）息息相关，能够支撑多个类型模型的敏捷流转

和无缝集成，NASA（National Aeronautics and Space Administration，美国航空航天局）和美国空军实验室也成为了第一批应用数字孪生技术的组织。2012年，NASA还首次给出了数字孪生的概念描述。

③多行业拓展应用期。随着数字孪生相关技术的成熟，数字孪生技术目前已经应用于工程建设、医学分析、产品设计等众多领域当中，并促使通用电气、西门子等一批具有代表性的企业构建出不同的数字孪生解决方案。数字孪生相关技术的发展，同时也离不开信息通信技术的兴起以及工业互联网发展战略的广泛实施。而随着数字孪生与工业领域的融合，数字孪生技术也将赋能工业企业创新升级，推动产业的数字化、智能化转型。

（2）工业数字孪生的功能架构与特征

所谓“工业数字孪生”，是指数字孪生技术在工业领域的应用，基于以模型、数据等信息构建的数字化转型方法论，是工业领域物理对象（包括资产、行为、过程等）的精准数字化映射。此外，在物联网技术的赋能下，工业数字孪生可以对相关模型进行实时完善和驱动，从而达到工业全流程不断优化的结果。

①工业数字孪生的功能架构。工业数字孪生的功能架构可以分为三部分，如图7-1所示。

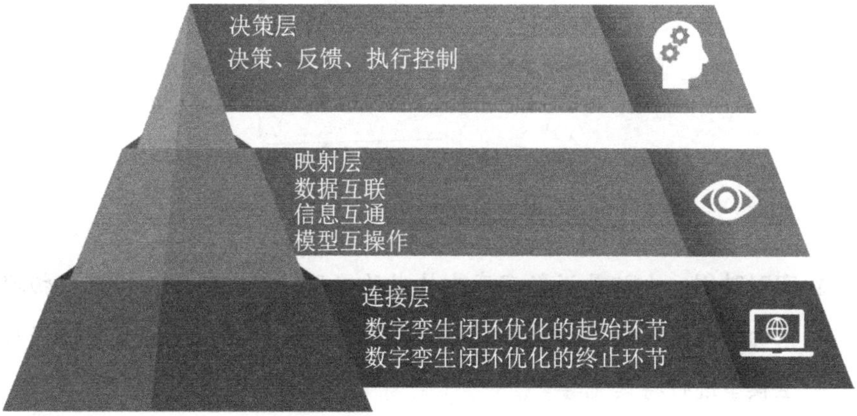

图7-1 工业数字孪生的功能架构

- **连接层**：主要包括两部分，其一是数字孪生闭环优化的起始环节，主要功能是采集感知，通过全方位、多角度采集、感知以获取对象的精确数据；其二是数字孪生闭环优化的终止环节，主要功能是反馈控制，通过高质量的反馈来执行最终指令。

- **映射层**：主要具备三种功能，其一是数据互联，指的是借助移动通信技术集成物理对象全生命周期的研发数据、生产数据、运营数据和市场数据；其二是信息互通，指的是借助元数据描述、标识解析以及数据字典等功能，在同一信息模型的基础上，对物理对象的信息进行统一的描述；其三是模型互操作，指的是由于不同的模型（比如数据模型、集合模型、业务模型、仿真模型等）能够从不同的侧面反映物理对象的信息，而工业数字孪生则可以将不同模型集成融合。
- **决策层**：基于连接层和映射层具备的功能，工业数字孪生可以对物理对象进行如描述、预测等不同层面的决策，并进行决策反馈和执行控制等操作。

②工业数字孪生的发展特征。工业数字孪生的发展主要呈现以下 3 个典型的特征，如图 7-2 所示。

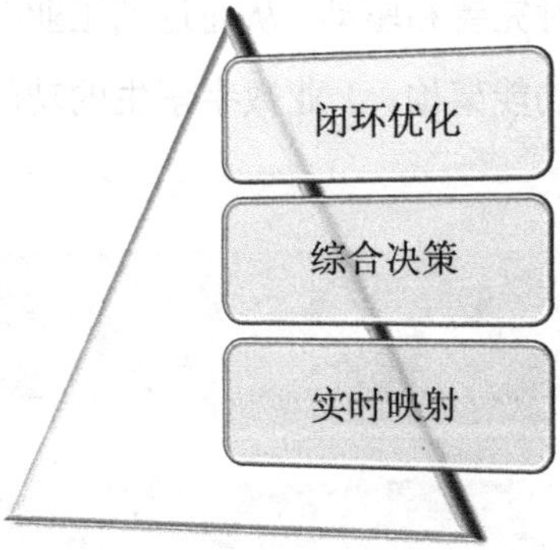

图 7-2　工业数字孪生的发展特征

- **实时映射**：也就是说数字孪生技术的应用，可以使孪生对象就物理对象的情况进行全生命周期的实时映射，并且根据获得的实时数据对孪生模型进行持续完善。
- **综合决策**：也就是说数字孪生技术能够采集与物理对象相关的各种模型、数据和信息，进而保证决策的智能化。
- **闭环优化**：也就是说数字孪生技术能够对物理对象相关的整个流程闭环（从信息的感知和采集，到做出决策，再到对物理对象进行反馈控制）进行优化。

7.1.2　深度释放工业数据的价值

在信息技术高速发展的时代，加快推进经济数字化进程已成为全球经济发展的主流。以新兴技术为支撑，数字经济能够有效提高劳动生产率，同时，依据海量的产业发展信息和数据信息，数字经济在促进市场开拓、培育新的产业增长点方面仍大有作为，有利于实现经济的可持续性发展和包容性增长。

目前，我国的国民经济已经由高速增长向高质量增长跨越，当下亟须考虑的问题是如何转变经济发展方式、如何优化经济结构以及如何转换经济增长的动力，而数字经济与实体经济相互融合便为解决这些问题提供了有效手段。数字孪生是促进数字经济发展的一项重要技术，它能够利用其独有的虚实映射模型进行预测和分析，实现产业的数字化转型、促进数字经济与实体经济的融合发展。

产业转型升级有多种升级途径，包含技术升级、管理升级、市场升级等。但是，在转型升级过程中，仅仅依靠单方面的变革难以达到理想的目标，更需要多点切入、相辅相成，共同实现产业转型升级，进而构建一种新的价值体系和产业结构。而在这个过程中，数字孪生和智能供应链可以帮助企业在价值模式层面获得新发现，进而企业顺利转型。

伴随新兴技术的发展，我国的工业生产已处于高度自动化与信息化的发展阶段，生产过程中会产生大规模的数据和信息，其中既有混合型数据，又有离散型数据，而信息孤岛的存在使得数据的价值无法得到充分发挥。数字孪生能够利用数据信息在数字空间创建虚拟模型，通过对模型的推演将产品完整的生命周期呈现出来，并根据数据信息实现对现实产品的预测，释放数据信息的价值。

数字孪生系统基于其数字化特性，可以为工业数据的全面感知、实时交互、快速处理与可视化呈现提供重要支撑。工业数字孪生挖掘工业数据价值的路径如图 7-3 所示，工业数字孪生能够辅助工业企业进行科学决策、优化生产运营方案，以智能化、数字化技术促进生产组织方式、生产流程模式的变革。

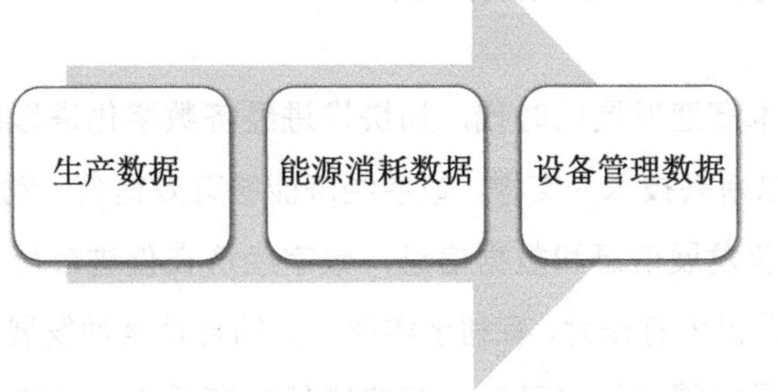

图 7-3　工业数字孪生挖掘工业数据价值的路径

（1）生产数据

在生产数据方面，能源管理系统和生产管理系统等信息系统中的数据可以通过数据接口传递到数字孪生平台中，在平台驱动下与相应的场景模型或图层自动匹配，这样庞杂的生产运营信息就能被直观地展示出来，生产管理人员也便可以快速掌握现场情况。同时，平台可以实时监控生产运行状态，及时反馈、预警异常问题。

（2）能源消耗数据

平台通过建立与能源管理系统的数据接口，可以将生产活动所消耗的电、水、煤气等能源数据实时同步上去，可以基于一定的算法规则对这些能源消耗数据进行监控、整合、统计与分析，以可视化的方式清晰地呈现出周期内（如小时、班次、日、月等）的能源消耗情况，并将其与能源消耗目标值进行对比分析，辅助制定与优化方案，以降低能耗成本。

（3）设备管理数据

在设备管理方面，平台在接入设备管理系统数据的同时，还可以借助物联网技术、大数据技术、人工智能技术和多样化的感知技术，对生产设备信息进行全面采集与分析，实时监测设备运行状态，辅助工程人员进行预测性维护，提高设备运行效率，实现从决策、控制到运作的集成化管理机制。

7.1.3　实现生产资源的优化配置

企业在生产过程中始终追求资源配置效率的最大化，因此制造系统内部的各个部件之间需要有一种自主的统筹智能，并且各个部件之间能够相互影响、相互制约以保持系统配置参数的稳定性，同时能够实现各自部件的利益最大化，这是实现资源优化的条件。同时，动态决策系统还需要兼顾外部环境的变化和内部的矛盾故障，实现内部资源的优化配置。

与传统制造系统相比，数字孪生制造系统具有技术带来的独有的特点，比如生产要素多样化、动态生产路径配置、人机物的自主通信与自组织以及数据支撑的决策等。数字孪生制造系统的资源优化配置的难易程度取决于系统的复杂性程度。制造过程具有一定的不确定性，这就意味着制造系统的资源优化会存在一定的困难，我们可以参照耗散结构理论来进行资源的优化配置：纵使生产资源再怎么混乱，设备总是可以进行关联的，再根据相应的算法和订单的需求将关联的设备进行有序化排列，利用数字孪生技术构建资源分配和生产效益的映射模型，通过模型分析准确预测生产过程，从而达到资源优化配置的目的。

数字孪生与传统的仿真技术都能实现资源的优化配置。但是，传统的仿真技术却有着较多的局限性，通常情况下，它根据物理实体在数字空间中构建的模型只具备单向映射和静态映射的特点，只能通过降低测试成本来提高产品设计的效率。而数字孪生拥有比传统仿真技术更为复杂的技术系统，可以利用大数据、AI、物联网等诸多新兴技术，在产品全生命周期的每个阶段实现资源的优化配置，图 7-4 所示为工业数字孪生优化配置生产资源的路径。

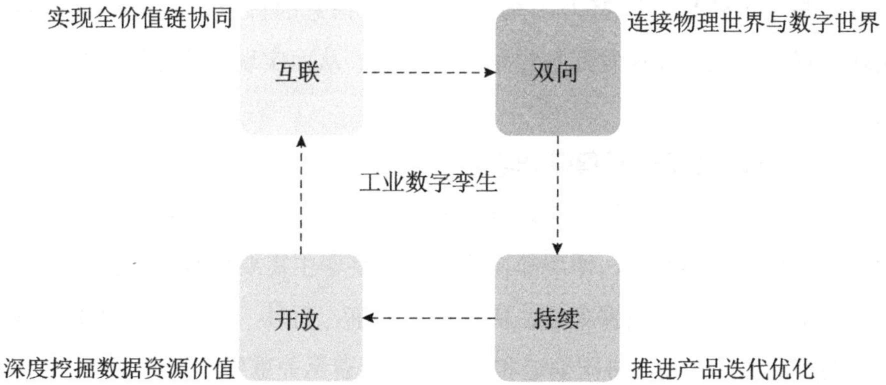

图 7-4 工业数字孪生优化配置生产资源的路径

（1）双向：连接物理世界与数字世界

数字孪生中的物理实体与数字模型之间具有双向映射的特点，打破了传统仿真技术智能单向传输信息的局限，突破了物理条件的限制。数字孪生可以凭借其更加先进的双向映射、共生演进的技术特色，对数字模型进行推演，模拟产品的全部生命周期，预测产品的性能和状态，从而输出控制或改变产品状态的决策参考，在提高生产、决策效率的同时，优化相关要素资源，实现降本增效的目的，进一步促进产业数字化升级。

（2）持续：推进产品迭代优化

数字孪生中物理实体与数字模型之间存在共生演进的特点，在物理产品的全生命周期内，孪生体和物理实体之间一直保持持续不间断的互动，而且两者同进退，共命运。因此，在一定程度上，我们可以直接通过孪生体的状态和性能来了解物理实体的状态，不仅如此，孪生体还能帮助我们预测可能会出现的情形，及时反馈原因，并提供优化调整的应对措施，大幅降低了产品生产过程、模式创新过程中的试错成本，从而持续推进产品迭代优化，这也得益于数字孪生的持续性特点。

（3）开放：深度挖掘数据资源价值

由于数字孪生具有实时性的特点，数字孪生无时无刻不在搜集数据，因此它具有庞大的数据系统，拥有海量的数据信息。然而，企业自身对这些数据信息的价值的分析和利用都是有限的，因此企业可以将数据信息对第三方开放，与合作伙伴共同努力，充分挖掘数据信息的价值，促进数据资源的优化配置，最大限度地发挥数据信息的价值，从而实现企业与第三方的合作共赢。

（4）互联：实现全价值链协同

数字孪生的本质目标是实现全价值链的协同。由于产品数字孪生处于全价值链的数据中心地位，作用非同小可，数字孪生需要以数据和技术带动全价值链上下游企业的数据集成，实现数据共享，而且，数字孪生对于上下游企业的产品协同开发、协同创造和协同运维起着至关重要的作用。

7.1.4　工业数字孪生的发展意义

由于工业数字孪生能够为整个产业带来革命性的影响，因此多个国家都已经从国家层面开始布局。比如，2020 年，德国成立了工业数字孪生协会，美国也成立了数字孪生联盟。同年，我国国家发展改革委、中央网信办联合印发《关于推进“上云用数赋智”行动 培育新经济发展实施方案》，并于 2021 年由工业和信息化部出台《智能船舶标准体系建设指南（征求意见）》。

根据全球最具权威的 IT 研究与顾问咨询公司 Gartner 所进行的调查，数字孪生已经连续三年被列为未来十大战略趋势之一。而专业调研机构 Global Market Insights 更是预测，2020 年至 2026 年期间数字孪生相关市场的增长率将持续超过 30%。由此可见，工业数字孪生的发展具有十分重要的意义。

（1）国家层面的意义

互联网相关技术的发展以及与各个产业的融合，也促进了我国工业互联网创新发展工程的实施。虽然目前在工业领域的创新应用方面，我国已经向网络化、数字化方向发展，但工业互联网智能化应用的探索与实践仍然较少，不能满足产业升级的需求。数字孪生技术的发展不仅为我国工业互联网的智能化推进提供了可行的方法，还有望进一步推动我国制造业的智能化转型。

（2）产业层面的意义

与欧美等发达国家和地区相比，我国工业起步晚、进程慢，而且高新技术与产业的融合较差，不能为工业领域的发展提供强劲的动能。比如，工业软件的核心模型和算法问题，就已经成为我国工业发展的主要短板之一。而数字孪生技术在工业领域的应用，有望缩短我国与其他国家在工业软件领域的差距。

我国工业的主要优势体现在门类与场景较多，而这也为数字孪生技术的应用提供了广阔的空间。将人工智能技术与工业软件进行融合，能够充分释放我国工业领域的数据红利，并以此助力我国工业实现弯道超车。

（3）企业层面的意义

数字孪生技术对企业的意义体现在与企业运行相关的多个环节当中，在从研发到生产再到运维的整个产业链条中都具有重要的价值。

在工业研发的过程中，通过数字孪生技术可以模拟产品验证，从而在推动产品开发的同时降低研发的试错成本；在生产的过程中，数字孪生技术可以用于构建实时联动的三维立体可视化工厂，从而大幅提升企业的管控水平；在运维的过程中，数字孪生技术的应用能够将大数据技术与仿真技术进行结合，并预测工厂或设备方面可能存在的故障，从而提升运营维护的安全性和可靠性。

7.2 数字孪生工厂系统功能与建设实践

7.2.1 数字孪生工厂的应用优势

数字孪生工厂是一种依托三维建模、仿真控制等数字化技术，在虚拟世界中实现对现实生产场景的精准映射，通过虚实交互、实时数据感知处理来实现对生产过程的监控与仿真模拟的技术体系。数字孪生工厂还可以精准赋能智能制造，其强大的数据分析能力可以为智能决策、降本增效提供有力支撑，其应用优势如图 7-5 所示。

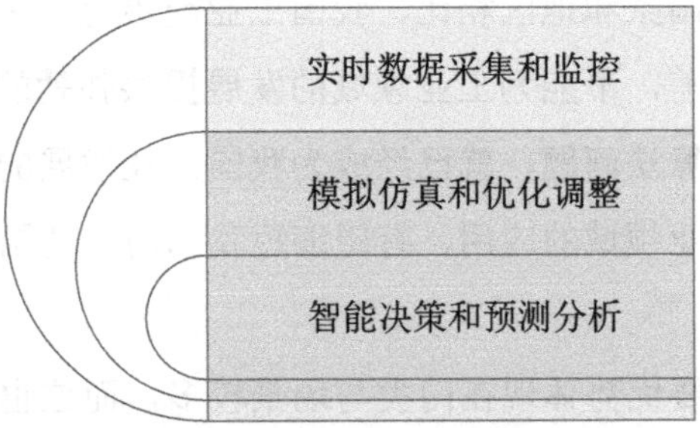

图 7-5　数字孪生工厂的应用优势

（1）实时数据采集和监控

依托物联网技术与传感技术，数字孪生工厂可以实时采集关于生产流程、设备运行状态、能耗情况等各个方面的生产数据。然后，边缘计算节点或云平台对所采集的数据进行分析、存储与处理，并同步反馈到数字孪生工厂系统中。管理人员可以通过数字孪生系统直观地了解到生产运行情况，从而实现对生产活动全流程的实时监控。同时，孪生系统可以及时反馈监测到的异常数据或预警潜在风险问题，辅助管理人员输出科学的决策、响应方案或措施。

（2）模拟仿真和优化调整

数字孪生工厂系统通过对实际工厂运行状态的精准映射，为生产方案的仿真模拟提供了条件。在实践生产方案之前，作业人员可以在孪生系统中调整运行参数，对生产方案进行模拟仿真，借此发现方案中的问题并及时调整优化，以使生产活动达到最佳效果——在保障生产质量的前提下，大幅提升生产效率。另外，数字孪生工厂还可以对不同的生产场景或工艺流程进行模拟，辅助企业优化资源配置、制定科学高效的生产规划方案。

（3）智能决策和预测分析

数字孪生工厂可以基于对大量生产数据的实时采集与分析，辅助管理者科学决策，结合生产状态的智能预测结果制定合理的生产指标。例如：

- 通过对设备运行参数的分析，可以判断、预测设备是否产生故障，工作人员可以根据反馈信息及时修复问题设备；
- 通过对周期内生产数据的分析，可以辅助作业人员找到生产流程中影响效率的薄弱环节或技术瓶颈，并提出优化改进方案，驱动效率提升；
- 通过对运营数据、订单数据的分析，生成可视化的市场需求变化分析报告，可以为产能规划、优化资源配置提供科学的措施与方案。

数字孪生技术不仅能够在工业制造领域发挥作用，还可以应用于交通规划、城市建设和医疗健康等领域，孪生系统的运行机理与数字孪生工厂系统有着相似之处。例如，可以在数字孪生城市系统中，基于仿真模型对海量交通数据进行分析，从而促进交通资源优化配置，完善交通线路规划建设；在医疗领域，可以通过数字孪生医疗系统，实现对医疗设备的精准管理，提高医疗服务效率和质量。数字孪生技术有着广阔的应用前景，而在工业制造领域的深化应用，不仅有利于智能制造领域积累经验，还为其他产业的数字化转型提供了范例。

随着大数据、云计算、物联网、人工智能等技术的发展，数字孪生工厂系统也会进一步完善升级，其数字化、自动化、智能化等方面的应用性能有望被充分挖掘。数字孪生系统强大的数据分析与处理能力，可以有效驱动生产调度、物流作业等环节的效率提升，提高资源利用率。同时，数字孪生工厂系统与边缘计算、5G通信等技术的融合，能够提升数据处理能力，为生产活动智能决策、自动化控制提供条件。

总之，数字孪生工厂基于强大的数据信息采集、分析与应用能力，可以实现对生产场景的精准仿真映射，在此基础上辅助生产流程调整优化与生产活动的智能决策，进而促进资源整合、提高生产效率。数字孪生工厂的深化应用，能够为其他行业领域提供有用的实践经验，促进其作业流程、管理方式的智能化转型，使数字孪生技术在社会发展中的价值创造作用得到充分发挥。

7.2.2 数字孪生工厂的系统功能

智能工厂就是将现代数字化制造技术引入原有工业制造体系中，基于全制造流程的网络化与线上化，实现对生产过程的数字化管理。同时，数字化工厂也是对大数据、物联网、数字孪生等技术和智能生产理论、现代管理理论的融合应用。

智能工厂对这些先进技术进行集成，能够实现对产品设计开发、生产运行控制、车间生产设备管理等信息系统的全面整合，形成覆盖产品设计、生产规划、生产执行、产品质量检测等全流程的高效率、智能化的新型生产组织方式。例如，大连迈思信息技术有限公司自主研发了一款基于Web的数字孪生虚拟工厂平台，为智能工厂的实现提供了丰富的实践经验。

（1）数字孪生工厂构建的主要任务

数字孪生工厂构建的主要任务如图7-6所示。

①数据驱动的虚拟场景构建与生产状态呈现。构建数字孪生工厂的主要任务之一，就是在虚拟场景中实现对真实生产场景的精准映射。具体方法是以虚拟空间中三维模型作为载体，结合多维统计图表等形式，将车间实时生

产信息以可视化的、动态的方式展现出来。这些信息包括生产进度、设备状态、成品质检情况、物流状态和能源消耗量等。

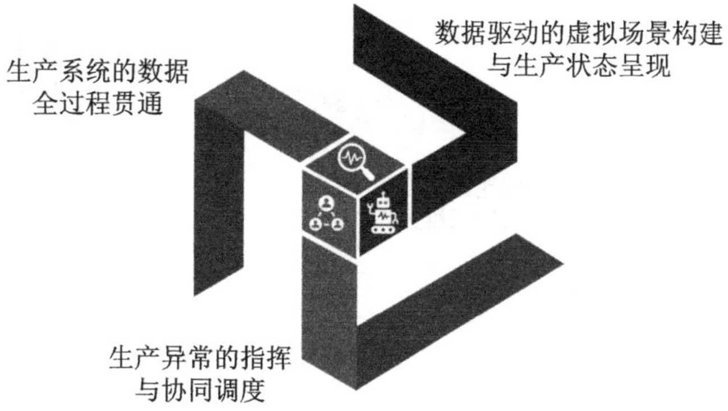

图 7-6　数字孪生工厂构建的主要任务

②生产异常的指挥与协同调度。基于数字孪生工厂系统与设备控制系统、监测系统间的数据交互，工厂可以及时发现设备运行、生产环节衔接等方面的异常情况，例如物料短缺、设备故障等。同时，数字孪生系统可以通过智能分析、预测，提供有效的问题解决方案或优化方案，从而保障生产任务顺利、高效地执行。

③生产系统的数据全过程贯通。数据交互贯通了生产系统开发、实施、运营、退出等全生命周期，是生产系统发挥作用的基础。因此，探索最佳的支持数字孪生系统虚实交互的数据接口与协议标准，是数字孪生工厂系统研究的主要课题。高效的数据交互为物理工厂数据实时反馈、虚拟工厂数据虚拟验证与同步更新提供了支撑。

（2）数字孪生工厂的构建步骤

数字孪生工厂的构建步骤如图 7-7 所示。

①建设工厂智能终端设施。工厂智能终端设施是实现虚实交融的物质基础。智能终端可以将物理设备或控制系统中的各类数据信息传递到数字孪生工厂系统中，并与对应模型匹配，进而驱动数字孪生模型对生产活动进行仿真、验证，然后将处理、优化后的数据反馈到智能终端，实现对设备或生产流程的优化控制。

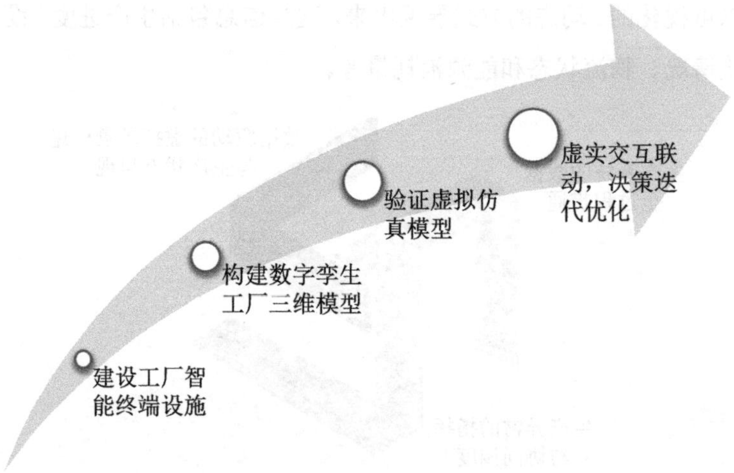

图 7-7　数字孪生工厂的构建步骤

②构建数字孪生工厂三维模型。在数字孪生工厂系统中构建关于厂房建筑、生产车间、产线设备、监控设备等物理对象的三维仿真模型，实现生产场景、环境、设施等物理对象在虚拟环境中的精准映射。

③验证虚拟仿真模型。模型搭建完成后，需要对模型的准确性进行验证。通过对虚拟生产线的仿真调试，对虚拟组件的特征、参数、行为等属性进行优化，对数字化工艺装备设计、工艺规程设计等设计方案进行调整完善，以使虚拟产线的仿真规划效果达到最优。

④虚实交互联动，决策迭代优化。实现物理产线优化、生产流程高效化与管理决策科学化，是虚实交互联动的主要目的。具体实现途径是数字孪生系统基于现实生产数据（包括设备运行、生产进度、预警报错等）的实时反馈，根据相关预测算法或约束规则，判断设备运行是否存在异常，为管理者提供可靠的决策参考，并将调整优化方案落实到现实生产场景中。

（3）数字孪生工厂的系统功能

数字孪生工厂的系统功能如图 7-8 所示。

①生产过程仿真。生产过程仿真所涉及的生产要素包括生产流程与节奏、生产负荷及物流状态的可视化。来自 MES、SCADA 系统中的数据可以驱动虚拟生产线同步运行；同时，数字孪生系统可以根据预设参数阈值或统计规则，以可视化的形式呈现出设备利用率等有价值的信息，辅助生产流程优化。

图 7-8 数字孪生工厂的系统功能

②生产数据可视化。数字孪生系统可以通过数据图表（如曲线图、雷达图等）、数据标签、信息面板等载体形式将各类生产数据（包括库存运作、质量运作、维护运作等方面的数据）清晰地展示出来，使管理人员快速定位到需要的数据信息，更加直观地了解生产动态情况。

③生产过程监控可视化。生产数据可视化为生产过程监控可视化奠定了基础，所监控的内容包括产线设备的工艺参数、运行状态和效率等。具体体现在以下方面：

- **针对生产线：**通过声光效果、虚拟安灯、信息标签等方法显示相应的产线状态，同时根据采集的实时数据对产线物料流动情况进行虚拟仿真，相关仿真数据也进行可视化呈现。
- **针对生产设备：**同理，虚拟场景中的仿真设备模型在实时数据的驱动下，通过声光效果、虚拟安灯、信息标签等方式显示出运行状态信息。

④工厂智能决策。数字孪生工厂的智能决策模块可以为智能生产方案设计、智能产线规划及产线运维提供有力支撑。具体实现方法是：先构建包括订单需求、工艺路径、物料调度规则、物流路径、交付优先级等要素的生产运营机理模型；在模型基础上引入遗传算法（Genetic Algorithm）、启发式算法（Heuristic Algorithm）、微粒群算法（Particle Swarm Optimization）等智能算法规则，建立智能预测模型；将车间生产中的工业机器人操作状态、倍速链、物流状态等实时信息作为预测模型的输入数据，促进预测模型的优化迭代，从而根据运营需求输出可靠的生产全生命周期的预测分析，为运营决策提供支持。

7.2.3 数字孪生工厂平台建设路径

基于智能工厂的业务运行需求，虚拟智能工厂平台可以实现布局规划、设备工艺仿真、生产过程仿真、虚拟调试、数字孪生、数据可视化等功能（如图 7-9 所示），为智能工厂的建设提供重要支撑。

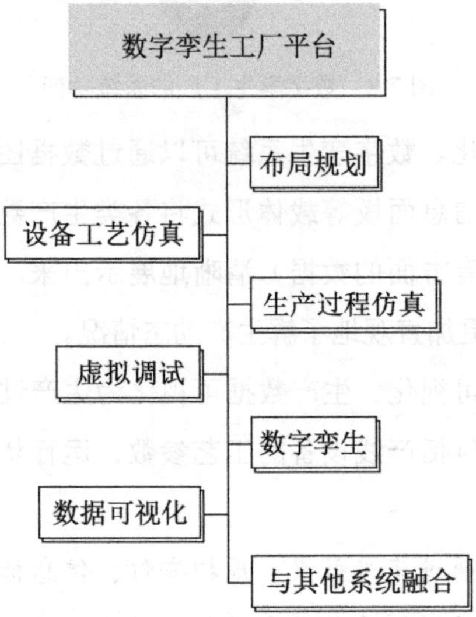

图 7-9　数字孪生工厂平台建设路径

（1）布局规划

智能工厂平台基于数字化优势，可以在生产线布局过程中起到良好的辅助作用，不仅可以使车间构成单元及生产设备得到合理布置，还能够在有限的车间空间内使设备利用率达到最大化。

在实际落实车间布局方案之前，可以在虚拟车间中对布局方案进行仿真、验证和优化。基本方法是将方案所规划的车间产线要素（如生产设备、工装、产品）和环境要素（如人员作业动线、管线布局、物流机器人行进路线）的三维仿真模型导入虚拟空间中，并按照比例进行布局，直观地展示出布局效果，这可以为设计人员提供沉浸式的布局体验。

同时，根据虚拟车间中各要素之间的拓扑关系、生产工艺参数约束、工位与产品型号匹配规则、物料配送及转运路径等数据信息，企业可以对该布局方案下的生产流程进行仿真测试，及时调整存在问题的部分，完成对布局方案的优化，从而为后续车间的实际建造奠定基础，降低因修改方案带来的工程成本，充分发挥车间数字化规划布局的作用。

（2）设备工艺仿真

在虚拟智能工厂平台中可以实现对设备工艺的仿真映射，辅助设备管理。在虚拟环境中构建能够还原设备结构、外观的高仿真三维模型，并导入设备动作、工艺等驱动数据，实现对设备或零部件运行状态的真实复现，从而辅助管理者进行设备状态和工艺分析，及时发现产线运行中存在的问题和安全隐患。

（3）生产过程仿真

对生产过程的仿真主要包括加工过程仿真、装配过程仿真和机器人仿真3个方面。

①加工过程仿真。在虚拟环境中对实际生产加工过程进行仿真模拟，这可以帮助管理者发现加工过程中的潜在问题，例如设备相互干涉、刀具碰撞、运动路径拥堵、机床后置代码生成等。

②装配过程仿真。在虚拟环境中对实际的装配过程进行仿真模拟，包括还原装配组件、零部件模型，模拟执行器与装配对象之间的接触情况，模拟装配对象的定位、移动、干涉情况等。虚拟系统可以自动预警反馈异常情况，辅助工艺设计人员优化工艺流程。

③机器人仿真。通过对机器人进行仿真建模和虚拟示教，辅助优化机器人的工作站布局和工作姿态，帮助生产人员确定与具体生产环节适配度最高的机器人型号、系统方案、机器人动线或安装位置、机器人动作范围等。另外，可以在工业机器人离线编程仿真的基础上对其进行有效控制。

（4）虚拟调试

虚拟调试是一种在物理世界控制设备与虚拟空间仿真模型连接的基础上，通过虚实数据交互对复杂生产系统的性能进行测试的方法。虚拟空间中的环境模型、设备模型及其运行状态是对物理对象的真实映射，如果将规定的运行参数导入到模型中，就可以获得高度还原现实生产状态的测试结果。这可以在早期阶段的机械部件、电气设备和机器人的运行状态测试与验证环节发挥重要作用。

（5）数字孪生

数字孪生既是对上述数字化功能的综合应用，也是对现阶段数字信息技术的创新，通过构建 MES、WMS、车间现场设备与虚拟数字模型的联系，可以实现对现实生产状态的实时模拟。可编程逻辑控制器和传感器等设备可以将生产状态信息实时输入到对应的虚拟模型中，数字孪生系统在此基础上进行计算、分析、模拟，输出最佳决策执行方案以监控、指导现实生产活动。具体作用表现在以下方面：

①设备监控。目前构建的虚拟车间孪生系统，通常以不同颜色的指示灯来表示虚拟设备的运行情况，例如红、黄、蓝、绿、黑分别对应的运行状态为报警、空闲、停机、加工、关机等。另外，孪生系统可以将车间计划产量、当前任务量、实际产量等信息以可视化的形式展现出来，以辅助管理者进行统计与分析。

②设备属性查询功能。在虚拟场景中，管理人员可以通过点击任意对象查看其属性或作业状态，包括设备信息、物料信息和人员信息等，而无须到现场设备处进行核实，这为设备监控提供了极大的便利。

③ Andon 系统集成。Andon 系统是一种能够准确反映生产运行情况（或信号）的可视化管理工具。数字孪生系统可以将 Andon 系统显示的信号状态集成到虚拟模型中，从而实现对生产状态（包括设备、物料、质量及其对应工位）的监测与报警。当出现报警信息时，管理人员可以通过点击报警数据自动定位到设备，通过快速查询报警状态来定位问题点。

④设备信息可视化管理功能。依托虚拟环境和产线、设备的虚拟模型，加上产线数据的实时反馈与处理，企业可以构建能够真实映射现实生产情况的数字孪生系统。而利用数字孪生系统的数据优势，设备管理人员无须亲临现场，就可以便捷地了解到设备运行参数、运维数据及各生产环节的数据信息。

（6）数据可视化

从直观的反馈数据中挖掘出潜在信息，是进行数据分析基本目标和原则，这些有价值的信息能够为决策提供重要支撑。一般来说，工业生产领域的数据分析报表需要包含订单需求、订单生产规划、当前生产进度、产品质量检测信息、设备统计信息和异常状态信息等，并需要根据实际生产情况及时更新、优化报表内容。数字孪生平台在数据方面的支撑除了信息查询，还可以实现特定路径溯源、实景视点控制等。

（7）与其他系统融合

从车间生产场景中的实际需求出发，虚拟智能工厂平台的构建仅面向生产控制的其中一个方面，结合不同的生产流程，还可以使平台与其他上位系统融合。结构化的系统间数据交互接口，可以促进不同系统关联与互动，并实现功能互补，从而使既有生产资源充分整合、有效利用，提高生产效率，优化业务流程。

虚拟智能工厂平台为构建从数据获取到数据应用的数字化闭环生产管理模式提供了有力的支撑，从产线部署到生产过程的虚拟仿真、再到设备运维与产品质量监测，都更好地实现了对生产车间全要素、全流程的精准感知与把控，这可以辅助提升企业的生产效率和运营管理水平，从而为价值创造赋能。

7.2.4　基于数字孪生的智能车间应用

在“工业 4.0”的发展背景下，数字孪生技术可以为制造产业的智能化、数字化转型提供有力支撑。数字孪生车间是数字孪生技术在制造业融合应用的典型代表，它通过数字虚拟空间对现实生产场景的精准映射，实现了对生产全流程的智能化掌控，可以有力驱动企业生产的数字化转型。

数字孪生车间依托数字孪生技术构建了一个高度还原现实生产活动的虚拟空间，通过对各类生产数据（包括产线设备运行、生产流程、供应链、人员活动等）进行实时采集与分析处理，实现了对车间生产过程的有效监控，在生产方案制定、生产流程优化、生成设备运维和产品质量把控等方面发挥了重要的辅助作用。数字孪生车间不仅能够有效赋能生产活动数字化，还可以在此基础上辅助企业改善决策方式、优化运营管理模式，驱动企业数字化、智能化创新与转型。得益于数字孪生系统的数据支持，企业的市场响应速度加快、运营成本降低、市场竞争力和价值创造能力也得到增强。同时，数字孪生平台为不同企业跨时空的高效协作创造了条件，有利于促进产业链协同发展。

数字孪生系统与物理车间数据的实时传递与反馈，形成了一个闭环的数据交互通路。其交互方式如下：将来自物理车间的多源异构感知数据（如设备参数、物流信息、人员信息等）集成到对应的虚拟车间数据模型中，并与模型中的既有数据交互融合，虚拟车间系统根据一定的算法规则对反馈数据进行分析处理，对物理车间运行状态进行判断、监控与预测，并针对问题点输出优化方案。同时，与虚拟车间系统连通的车间服务系统基于其应用服务功能，能够促进车间生产作业的高效运行和车间资源的整合优化。

虚拟车间可以基于对物理车间的多尺度、多要素、多粒度数据的实时采集，同步更新虚拟车间运行状态，实现对实际生产活动全要素、全方位、全流程的高还原仿真模拟，在此基础上对生产状态进行监测、验证与推演，辅助优化生产流程，促进决策优化。然后，再将优化方案反馈到实际生产场景中，实现数据与控制系统的互融共通。物理车间的生产控制系统可以导入接收到的优化方案，通过调整配置参数等方式将方案落实到生产实践中，而生产实践产生的新的数据将再一次反馈到虚拟车间系统……以此循环往复，通过数据迭代交互与仿真分析实现持续的生产工艺优化。在虚实交互的闭环流程中，各个生产环节的运行状态将无限接近最佳效果。

（1）产品设计优化

在工业产品的设计过程中，传统的设计方式有两种：一种是依靠人工模拟的方式来进行，这种方式需要进行多次产品迭代，耗时高且结果的准确性无法保证；另一种是通过真实的生产流水线进行验证，这种方式虽然准确性较人工高，但是需投入更多的成本。因此，传统的设计方式存在成本高、效率低等的弊端。

而数字孪生可以有效解决这方面的问题，工业产品的设计、工业生产线的设计以及产品部件的修改调整、产品尺寸的装配等工作统统都可以通过数字模型来完成，利用虚拟生产线的运行，可以准确高效地诊断产品的问题并进行设计优化，有效地避免了传统产品设计带来的问题。

（2）产品质量检测

如今经济社会发展突飞猛进，工业产品的需求与日俱增，工业生产处于高速运转阶段，这就要求工业生产线必须能够实现高效运行。一些高度精细化产品或者特殊工艺产品对生产线的安全性和严谨性要求更为严格，几乎不容失误，否则将会带来连锁反应，致使企业损失惨重，甚至面临更为严重的安全风险和衍生灾害，比如汽车生产线和高温高压的化工生产线等。

数字孪生利用数字模型模拟生产线的运行，将大量的数据进行整合分析，预测设备状态，评估生产工艺下的结果，从而有效避免生产线事故的发生，提高产品的质量。数字孪生车间的产品质量检测模型通过比对来自物理车间的实时产品信息与模型预设产品信息，实现对产品质量的自动检测与判断。具体方法是：以虚拟空间的高仿真模型作为检视对象，对实时采集的全方位车间产品状态信息进行分析处理，对关键质量信息进行捕捉与监控。当产品产生质量问题时，可以对该批次产品的生产状态进行全景式回溯，以辅助工作人员定位到问题点和产生问题的原因（例如物料配比、机械故障等），以便进行优化改进。

（3）生产动态监测

数字孪生车间可以实现对生产活动全方位、全要素、全流程的精准管控。数字孪生系统根据实时获取到的产线荷载、作业环节、设备参数、运行时间等物理对象的状态信息，构建精准的数字化镜像仿真模型，结合算法规则判断生产线情况，并根据持续的数据交互反馈同步更新镜像模型信息和生产计划。其优势在于，管理人员无须亲临作业现场，就可以快速地获取各类产线动态监测信息，进而从全局视角制定科学的生产系统优化方案。

（4）生产设备健康检测

生产设备健康检测系统涵盖了设备状态实时监测、设备故障预警、设备运维方案规划等模块，通过对运行环境的精准感知、对设备运行状态的高精度仿真和多粒度数据的实时交互反馈，系统能够辅助工作人员快速响应设备的“健康问题”，实现对其运行状态的有效监控。

7.3 基于数字孪生的智能工厂应用场景

7.3.1 场景 1：产品设计研发

传统的产品设计研发大多存在设计环节与制造环节数据断层的缺陷，这可能会引发产品交付周期延长、产品研发成本上升、设计方案反复迭代等问题。为了充分满足客户对个性化产品和柔性化制造的需求，企业需要将数字孪生技术应用到产品设计和产品研发当中，针对产品构建数字孪生系统，并在此基础上实现对产品制造环节的装配仿真、工艺仿真和工艺布局优化，同时推动设计与制造融合，实时了解和把握产品的各项性能，并根据实际情况优化产品功能，强化自身在产品研发方面的核心竞争力。

以数字孪生为技术基础的智慧设计研发主要由以下 4 个环节组成，如图 7-10 所示。

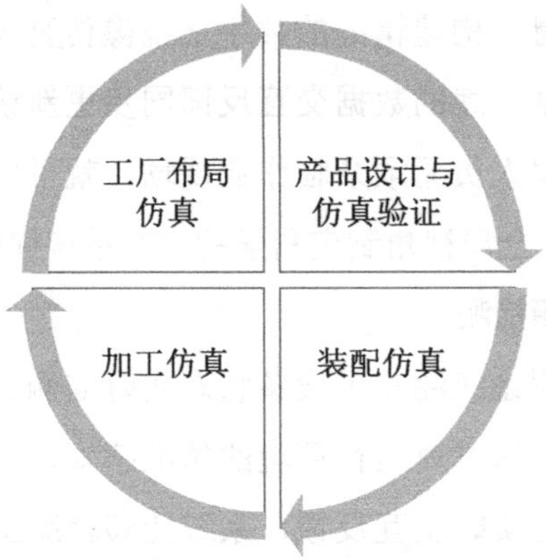

图 7-10　智慧设计研发的主要环节

①产品设计与仿真验证：企业在确定骨架模型的基础上广泛连接起各项相关内容，进行多域关联的协同设计，并充分发挥模型设计、管理设计、线缆设计、三维标注和模型检查等工作的作用，对产品进行数字化映射。

②装配仿真：企业通过产品数字孪生系统对产品装配过程进行仿真模拟和干涉检查，深入分析并优化调整装配路径，检查装配工艺规划得是否准确

合理，进而降低安装和调试环节的时间成本。

③加工仿真：企业充分发挥产品数字孪生模型的作用，实现数控加工代码自动化生成，在虚拟的数字空间中进行加工仿真，检查数控加工过程是否准确无误。

④工厂布局仿真：企业可以通过融合产品数字孪生系统和车间数字孪生系统的方式模拟产品加工、产品制造、产品装配和产品生产规划等产品生产制造过程，为产品设计人员提前在虚拟的数字空间中对制造过程进行预分析提供支持。

具体来说，以数字孪生为技术基础的智慧设计研发的优势主要体现在以下几个方面：

- **产品研制周期**：以数字孪生为技术基础的智慧设计研发能够利用产品数字孪生系统对制造过程进行模拟，对设计研发和虚拟制造环节进行循环迭代，从而达到缩短产品研制周期的效果。
- **用户沟通**：以数字孪生为技术基础的智慧设计研发能够利用产品数字孪生系统对用户应用进行仿真，提高产品设计满足应用场景需求的能力，加强与用户之间的交流沟通，充分满足用户需求。
- **个性化应用**：以数字孪生为技术基础的智慧设计研发能够利用产品数字孪生重现故障场景，充分确保产品的易用性和可靠性，提高产品设计与个性化应用之间的协调性。

7.3.2 场景2：智能运维决策

人、机、环境是影响设备性能发挥的主要因素，具体来说，工业设备的性能与设备对生产环境的适应程度、设备对生产任务的适应程度和人对设备状态变化的适应程度之间有着十分密切的关联。为了充分发挥设备的效能，企业需要利用基于数字孪生的智能运维决策方法针对设备构建相应的数字孪生体，实现具有实时性和同步性特点的虚实交互和映射，同时通过数字孪生体动态感知设备状态，及时找出设备故障的成因，并据此设计科学合理的设备维护方案，为物理设备的稳定运行提供支持和保障。

基于数字孪生的智能运维决策应用场景主要由以下几部分构成，如图 7-11 所示。

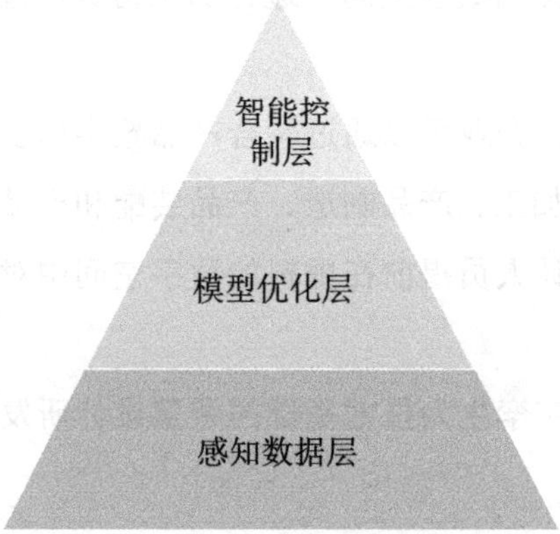

图 7-11　智能运维决策应用场景的主要构成

①感知数据层：可以借助多传感器技术感知工业设备的物理空间，实时监测设备的状态，获取相关数据信息。

②模型优化层：可以利用数字孪生模型在虚拟的数字空间中完成对经过预处理的实时运行数据的映射工作，并在此基础上构建具有设备状态识别和故障诊断功能的机理模型。

③智能控制层：可以分析机理模型的推演结果，根据分析结果定位设备故障、诊断故障原因，并为相关工作人员解决故障问题提供帮助。企业可以在掌握实时运行数据的前提下借助数字孪生系统中的关键零部件寿命衰减模型对设备的剩余使用寿命进行智能分析，从而在设备出现故障之前就对其进行有效维护。

具体来说，基于数字孪生的智能运维决策的优势主要体现在以下几个方面：

- **故障观察模式**：可以支持物理设备和虚拟设备进行动态化的实时交互，并帮助相关工作人员全面掌握设备的状态变化情况。
- **故障分析方法**：在物理设备和虚拟设备互相融合的基础上进行故障分析。
- **维护决策模式**：可以利用保真度较高的虚拟模型对决策进行有效验证，并以自主精确服务的方式执行各项工作任务。

7.3.3 场景3：智联生产管控

现阶段，制造业的生产环境存在不确定性较高的问题，处于该行业中的企业既要通过实时感知任务执行状态、资源运行状态等生产过程相关信息的方式实现对生产异常的检测，也要通过对生产系统运行情况的精准预测来确保生产系统运行的稳定性。基于数字孪生的智联生产管控能够构建具有故障预测、效能优化、设备评测和质量监测功能的机理模型，广泛连接起各项设备、工艺和平台，以智能化的方式管理和控制生产系统多源异构数据，并确保各项数据能够灵活交互。

基于数字孪生的智联生产管控系统主要由物理空间、虚实交互和数字空间3个部分构成，能够为生产系统构建包含所有的要素、流程和业务数据在内的数字孪生模型，以虚实交互的方式全方位管理和控制整个生产过程，并在物理实体和虚拟模型的实时映射和交互的过程中利用数字孪生模型来确保各个虚拟模型运行的同步性，如设备监控、生产过程、生产要素和生产活动计划等，以便最大限度地优化生产运行模式，确保设备在监控、管理和生产方面的有效性，不仅如此，物理空间和数字空间之间的交互也能够进一步优化各项生产运行相关功能，助力生产系统发挥出更大的作用。

具体来说，基于数字孪生的智联生产管控的优势主要体现在以下两个方面：

- **设备效能最大化：**数字孪生技术能够提高生产系统的智能决策能力，助力企业生产实现智能排产、优化控制、能耗监测等多种智能化功能，进而提高生产效率和生产质量，降低生产成本。
- **设备稳定运行：**基于数字孪生技术的生产系统具有较强的故障诊断能力和故障预测能力，能够以智能化的方式进行设备运维，大幅减少设备的非计划停机时间，充分确保供应链交付周期的稳定性，同时提高用户的满意度。

7.3.4 场景4：智能供应链协同

在供应链中，所有的产品都会随着供应链和运维过程不断产生动态信息、性能信息和状态信息，企业可以整合并利用这些信息数据为整条供应链构建数字孪生模型。

企业需要将供应链的仓储、枢纽、运输和配送等节点作为最小的智能体单元，并利用数字孪生技术对这些节点及其业务环节进行建模和仿真，同时利用开放接口连接各个模型，在虚拟的数字空间中驱动供应链的各项功能发挥作用。

从本质上来看，基于数字孪生的供应链具有数字化的特点，能够与物理世界的供应链进行信息交互，同时也能呈现供应链的现状、历史状态以及未来的决策和规划。供应链数字孪生系统能够将供应链中的各个工厂作为业务节点，借助这些工厂打造工厂群数字孪生协同域，并进行实时信息交互，进一步强化服务协作功能和服务追踪管理功能。不仅如此，企业也可以充分发挥协同域中的各个工厂数字孪生体的作用，在全方位考虑各个工厂的协同目标和协同约束的基础上构建标准统一的工厂指标评价体系和伙伴选择方案，并利用协同优化模型提高设备、车间、生产线和上下游工厂的协同性。

一般来说，当工厂数字孪生体的信息视图出现服务请求时，供应链上游的工厂应向其提供符合其请求的服务，供应链下游的工厂应在协同域中及时调用与其请求相符的服务。企业需要利用工厂数字孪生体的信息视图打造具有可视化的特点的管理模型，并充分发挥该模型中的动态监督和评估机制的作用，实现对自身生产制造的有效监督和评估。与此同时，工厂可以从自身定位和工厂制造运行特点出发，打造具有可视化特点的服务信息模型。不仅如此，处于供应链下游的工厂也可以动态监督、评估和管理供应链上游的工厂，确保整条供应链运行的稳定性。